DANIEL'S SKILLS AND LOGIC IN FOREIGN TRADE

外贸大牛的术与道

丹 牛著

中国海关出版社

图书在版编目（CIP）数据

外贸大牛的术与道／丹牛著．—北京：中国海关出版社，2016.8
ISBN 978-7-5175-0163-3

Ⅰ.①外… Ⅱ.①丹… Ⅲ.①对外贸易－工作经验－中国 Ⅳ.①F752

中国版本图书馆 CIP 数据核字（2016）第 218195 号

外贸大牛的术与道

WAIMAO DANUI DE SHU YU DAO

作　　者：丹　牛
策划编辑：马　超
责任编辑：马　超
助理编辑：胡佳辰
责任印制：孙　倩
出版发行：中国海关出版社
社　　址：北京市朝阳区东四环南路甲 1 号　　邮政编码：100023
网　　址：www. hgcbs. com. cn；www. hgbookvip. com
编 辑 部：01065194242－7554（电话）　　01065194234（传真）
发 行 部：01065194221/4238/4246/4227（电话）　　01065194233（传真）
社办书店：01065195616/5127（电话/传真）　　01065194262/63（邮购电话）
印　　刷：北京新华印刷有限公司　　经　　销：新华书店
开　　本：710mm×1000mm　1/16
印　　张：16　　字　　数：180 千字
版　　次：2016 年 10 月第 1 版
印　　次：2023 年 11 月第 3 次印刷
书　　号：ISBN　978－7－5175－0163－3
定　　价：38.00 元

序一

李智锐，英文名 Daniel，在外贸江湖中人称“丹牛哥”。适逢他的处女作《外贸大牛的术与道》出版，特邀请我为之作序，倍感荣幸。

最早跟丹牛哥相识，是通过新浪微博。2012 年下半年，也是微博最火的那个时候，各行各业的精英都以微博为平台，在上面指点江山，激扬文字，表达自己的思想和情怀。其实和其他行业相比，外贸是一个很小众的领域，但那个时候也出现了一批有思想和有文字功底的才子佳人。至今给我印象深刻的有@ 陈德慧 Michael、@ Ben 朱子斌、@ 过期雪碧仔、@ Frank - Money、@ 毅冰 HK、@ MR. HUA、@ 料神 Sam、@ 夜花仙人掌……当然也包括本书的作者@ Daniel 李智锐。而时至今日，微博已经变成了一个网红和商品营销的地方，很难再见到一些新的观点和真知灼见，让我不甚欷觑。

当时丹牛哥给我印象最深的是，他在微博上写了一系列关于外贸人如何择业，以及在外贸这条路上如何进行职场生涯规划的文章。我看到在这本书中就精选了其中的 7 ~ 8 篇文章，包括“给你八条职场建议，至少少走三年弯路”“行业和企业的抉择”“你以为你很努力，其实只是感动了自己”“职业规划与职业化特点”，等等。这些文章，哪怕对于我，一个在职场已经混迹了十五六年的老鸟，也不得不佩服他对职场的认知非常深刻。我觉得单就这几篇文章，不但是外贸人，就算是其他行业的职场白领看后，也一定会深有共鸣和启发。

虽然在微博上神交已久，但是第一次线下见面，却已经是在2014年年初。当时阿里巴巴B2B国际站的新浪官方微博“阿里巴巴国际”，在杭州主办了一次微博外贸分享达人与粉丝的见面会，并且当场还成立了一个民间的外贸公益分享组织，也就是今天在外贸圈子里如雷贯耳的“外贸G（基）友团”。G友团的首批成员里并没有专业的培训师或者学术工作者，但绝大部分都是在外贸各领域第一线工作的专业人士，其中就包括了@Daniel李智锐以及上面提及的几个人，也包括我。成立这个公益组织的目的就是：分享外贸知识、感悟，传递正能量；重点是帮助外贸人，尤其是新进入外贸行业的年轻人。

由于大家都是“外贸G友团”的成员，而且在线下也一同参加了几次外贸行业的分享会，我和他的联系更密切了。虽然他在佛山，我在上海，平时也经常交流。

最早，我们给丹牛的定位是“外贸行业的职场生涯规划导师”。但有一次线下活动中，他讲了一段当年他在格兰仕墨西哥分公司驻外两年的故事，虽然我们都知道他有这段经历，但是也是第一次完整地了解他在当地是如何做海外市场开拓的。我们发现他对市场营销和国际贸易的理解是非常深刻的。于是，我们就撺掇他一定要把这些方面的经历、感悟写出来。于是就有了今天读者在这本书里看到的“海外子公司，一条荆棘满布的道路”“More than FOB”“你真的知道客户需要什么吗?”“大客户谈合作考虑的绝不只是价格”“国际贸易中惨遭忽视了许多年的市场营销”等几篇非常有价值的文章。

由于新浪微博的战略上的调整，微信的快速崛起，再加上外贸 G 友团中绝大部分成员自己的生意都开展得如火如荼，慢慢大家都很少在微博上发文章了，互相之间的联络也慢慢少了。但是我以及和我还保持联络的一些粉丝，都非常怀念那段时光。

2015 年年底，丹牛哥提出了一个倡议，想成立一个外贸人的高端社群——“门徒俱乐部”。原因是最早在微博上追随我们的粉丝们，到现在在外贸这个行业里也打拼了至少 3 ~5 个年头了。很多人的外贸专业技能，也就是“术”的这个层面上已经很熟练了；但再往上发展，就遇到了一些瓶颈。而造成这个瓶颈的主要原因，就是改革开放近 40 年来，绝大部分外贸人做海外市场的方法几乎没有多大的改变。唯一变化的可能就是工具，也只不过就是加载了互联网而已。做了这么多年的外贸还是 FOB，还是在产品的质量、价格、交期这老三样上打转。而真正对海外市场开拓内在的核心，比如终端市场的洞察，海外市场渠道的建设等关键的动作，并没有多少外贸人去深入地思考和实践。而我们认为这些才是中国出口企业想要真正做好做强海外市场的“道”，也就是这个行业内在的规律。

虽然我们在微博、微信公众号上也写过一些对国际贸易认识更深刻的文章，但毕竟都是零星、碎片化的内容。成立这个“门徒俱乐部”就是要为大家提供一整套系统化的国际贸易市场的世界观和方法论，包括市场营销和管理的新的思维，我们把这个称之为“外贸培训的 2.0 版”。丹牛哥的这个倡议得到了“外贸 G 友团”的团长老麦（@陈德慧 Michael)、原世界 500 强亚太区采购总监 Ben 叔（@ Ben 朱子斌）、海外网络营销达人@ 过期雪碧仔，还有我这个做了十几年中国进出口贸易数据服务老销售的响应。于是，我们五人成了“门徒俱乐部”的第一批知识分享者。

虽然我们五个人每人都有自己的事业，但在成立“门徒俱乐部”之初，我们就决定朝着正规化、公司化的方向来运作。由于丹牛哥是这个组织的发起人，我们一致推选丹牛哥为我们的第一任 CEO。

以前因为大家都是朋友关系，没有真正共过事，对各自的工作风格和特长并不太了解。

在“门徒俱乐部”从筹备到正式成立运作，并且已经招收了两批共 130 多位“门徒”（包括正式和预备门徒）的短短半年时间里，我又见识了丹牛哥身上另外两大优点：

第一，他的创意和策划能力。可以说“门徒俱乐部”到目前为止的策划、宣传、文案，线下的活动组织几乎都出自他手，而且每次的效果都出乎意料的好。他的好创意总是源源不断，如果不是对他知根知底，还以为他是 4A 广告公司出来的呢。所以，我们计划让他在明年的“门徒俱乐部”里开设一档专业课——海外市场营销的宣传、策划与文案的课程。

第二，他的行动力超强。每次我们几个人无论是线上还是线下开会，或者讨论有了一个什么好的想法之后，他都会在 1 ~ 2 个小时以后整理成文发给大家，并且把重点、计划安排，以及完成情况一一列明。在行动力这方面我真是不得不佩服他。因为对于我这个拖延症重度患者来说，他的这个能力是我最想获得的。就拿写本书的序言来说吧，我答应他花 2 周写完，结果拖了 40 天，真是汗颜啊。

好了，不能再写了，他只给了我 1 500 字的发挥空间，更多精彩的内容大家还是看书吧。

第一次给正式出版的书写序，我也不知道应该怎样写，写什么。以上的絮絮叨叨，只是还原一个我眼中真实的“丹牛哥”李智锐。

我很喜欢他，希望你看完这本书后也有同感。

雷鸣 Alex

2016 年 7 月 1 日于上海

序二

丹牛哥终于出书了。

想到丹牛哥，最先出现在我印象中的是他家的两个儿子，大少和二少——一只有着藐视世俗眼光的喵，一个经常被搞怪的萌萌哒小正太。然而丹牛哥似乎偏爱他家的喵星人多一些（要不怎么说是“大少”呢），例如曾经有一段时间，他把大少的头像做成了公司的海报，与此同时二少却被剪了一个丑萌丑萌的发型，我总觉得他好偏心，只不过最近忽然觉得，似乎这就是丹牛哥的生活态度，既不寄希望于太世俗的东西，也不墨守成规于现有的规则。

丹牛哥的文字里多多少少有着离经叛道的东西，尽管也不算多极端。例如有一次巴黎发生爆炸事件，大家都在网络上发文应该如何给客户写问候信，丹牛哥却说：“你的客户并不需要你的问候。”刚看到这篇文章的时候，总觉得他是在为反对而反对，何必这么愤青呢？但细看下去，而且通过跟客户越来越多的接触，我开始认可这篇文章，因为商业化的社会里，不纯粹的关怀，总是那么假惺惺地让人厌恶，或许这就是丹牛哥作为一名商人固守的底线吧。

当时我只对料神 Sam 比较熟悉，但本着认识更多牛人的心理，依次加了基友团其他人的微博和微信，当然了，也就仅仅加了而已。真正认识丹牛哥源于他在网上发起的一次赠书活动，当时外贸基友团出了一本内部交流的小册子，叫《外贸手札》，尽管只是在内部宣传了一下，但奔着基友团的名气，我很想要一本，只是那本书当时是不外售的，想买也买不到。然而很幸运的是，我被丹牛哥选为赠书对象，之后就怀着特别激动的心情等待书的到来，作为一个小粉丝，迫不及待要打入大神内部。

几天后，快递终于来了，真的是很厚的一本书，快递费都已经付妥。我赶紧翻看快递单，把丹牛哥电话存起来，决定从此跟着大牛混，赠品都做得这么稳妥，绝对值得拥有。从此和丹牛哥开始有了一些交谈，后来因为某个意外事件，我不再关注微博，与丹牛哥在微信里倒是渐渐熟悉起来。

朋友圈里，他大部分的时间都贡献给文章、大少和二少，偶尔会吐槽邻居和装修队，偶尔会“痛斥”二少为熊孩子，或者发一段心灵鸡汤再配上大少的图片，也会诉说写文章时的纠结心情……说的事情很多都让人感到透明和真实，很多时候你看了，会想：“哎呀，这个人还蛮走心的呢。”

确实，他与我印象中讲师团的人不同，讲师团热衷刷屏式的自我宣传，讲的东西有很多迎合市场的成分，因为有商业目的也无可厚非，只是纯商业的东西一旦变多，就难免会有时效与限制。但丹牛哥的文章从来都是他的实际积累与沉淀，例如他会跟大家分享广交会的心得，也会把自己公司员工的得意作品发出来，但就像刷他家的大少和二少一样，一切都显得那么自然和纯粹，感觉不到商业目的，也从来不做自我标榜，所以现在我对丹牛哥的头衔依然很模糊，只知道他是一个公司负责人，在中国500强大企业就职过，在国外工作过一段时间，然后是外贸基友团，再到门徒俱乐部，仅此而已，没有太多标签。

在丹牛哥的朋友圈里，他很少做自我宣传，大部分都是文章的分享，包括自己的文章，基友团的文章，门徒俱乐部的文章。他自成资源库，却不是那种刻板说教的人，一般都会用大量的信息来表达自己的观点，从而把你带进文章中。他的文章有着对自己和别人的尊重，但批评的时候也是不留情面的。对我个人而言，把一个人的不当之处指出来有很大困难，然而丹牛哥却从来不在这上面犹豫，我想他应该不喜欢概念化和大而无用的东西吧，就像你看久了一个花瓶觉得好美，他却会告诉你，不管怎样那终究只是一个花瓶罢了。

丹牛哥在非常努力地把他自己做成品牌。从基友团开始的人气积累与沉淀，到最近的门徒俱乐部，慢慢地，走出了自己的个性；慢慢地，努力都被看到与验证。曾经在一次语音分享中，他说起自己的梦想，是年老时放下工作去做巡回演讲，该说的不该说的到时候全都一并说了。那种态度，应该是有一种很自豪的情感在里面吧，因为他实实在在地知道自己想要的东西是什么，不必刻意地纠结与讨好，就这么淡淡地站在那里就好。

记得小时候有篇鸡汤文说，把自己建设成码头，就自然会有船只去停靠。跟丹牛哥混久了，对于这句话有了一个新的理解：不必那么用力，相信自己，跟随自己的内心就足够。就像丹牛哥从来不会要求你完全去相信他，因为他相信价值观的多元化，也接纳来自不同层面的不同观点，并努力地从不同的观点里得出更有价值的东西。

通常，我写跟别人相关的东西时心里会有顾忌，但写丹牛哥却不会，他是一个很真性情的人，他的文章真，批评真，连愤怒与吐槽也有那么一种真，而且这种真不需要跟随，你不会觉得自己是在学一种技巧，你只会关注他的态度和思路，同时在那种真里，看到属于自己的一种态度。最近又看到丹牛哥的新文章，他竟然告诉你死在大神手里有100万种方法，这是一个正经的大神该干的事吗？粉都掉到太平洋去了。只是，我想该懂的人自然会懂，他不怕别人说他不行，也从来不强求别人的认可，当然他也是狂，自信有人可以听得懂不同的声音。

随着接触越多，你会觉得，丹牛哥和他的团队喜欢尝试不同的东西，永远不会固守同一个地方，从文字的分享，到语音和视频的结合，总有新的东西让你眼前一亮并会心一笑：这真是一个能折腾会折腾的家伙。

一路走来，已过了好多年，时间过得真快，有时候我觉得自己似乎还是那个盼望《外贸手札》的小粉丝，在等一本书，也在等一个自己对未来的期盼和规划。只是这么长时间过去，感觉跟着丹牛哥行走，收获到的不仅仅只有知识，那是一位良师也是一个益友，会在信息大爆炸的时代告诉你：不要去盲从和偏信，去过自己的生活，走自己的路，偶尔调侃，偶尔随性，偶尔看到不一样的自己也不用吃惊，不必去寻找过多的认同。

未来某一天，如果我真的成长了，慢慢成为自己希望的样子，我的自豪里，有一路走来很多人的陪伴；我的感谢里，也少不了丹牛哥的存在，真的，有你在，真好。

愿你永远是那个会晒大少二少，偶尔不正经的大神。

热心粉丝　王淑霞

前　言

当翻开这本书的时候，对于拥有一本完完全全属于我的书的这个事实，我还不敢相信。

我曾经是很抗拒出书的，尽管在过去的 3 年里有过不下 5 家出版社联系我，然而我都婉拒了，一来是因为懒，二来确实忙，三来我一直认为，出书难道不应该是等我到了更深阶段，例如到了像我的师父曾和平先生那样的思想高度时才做的事情吗？感谢中国海关出版社的马超编辑，是她让出书这件事情在我的生命里提前了 20 年。

我的专业是国际经济与贸易，2005 年毕业时第一份工作就是外贸业务，大公司再加上专业如此对口，这样的工作在我们班也算得上屈指可数了，不知道多少人羡慕嫉妒恨。然而在那个没有微博，没有朋友圈，没有自媒体，没有专业知识获取渠道的年代，我曾经走过许多弯路，当时我就经常幻想："要是在我走弯路的时候，能够有个前辈来指点迷津那该多棒啊！就算他不能帮我少走弯路，至少告诉我面前还有多少条弯路也好啊！"就好像仙侠小说里面的主角一样，光环一开虎躯一震，立刻有个大神跑出来传授他百八十年的功力，瞬间打遍人间无敌手。

然而现实没有这么理想，11 年来外贸这一条路我独行至今。所以，我也特别能够理解从事外贸行业的年轻人的心态以及彷徨，因为他们现在走的路，就是我曾经走的路，他们现在的困惑，也是我曾经的困惑。因此，既然我做不了小说里的男主角，那我就来做那个传授功力给主角的“大神”吧？

所以，2013 年 4 月 14 日我正式开启了微博，开始了在网络上的分享之旅，从此一发不可收拾。

假如你要问我影响职场人生最关键的三件事情的话，我想应该就是：

1. 在外流浪了一年多之后，还是选择了回到老东家继续发展——这件事情让我结束了职场的迷茫期。

2. 回到老东家之后，选择了驻守墨西哥——这件事情让我拥有了大多数外贸人一辈子都无法触碰的经历。

3. 坚持知识分享，至今已然三年有余——这件事情让我积累了前所未有的精神财富。

是的，精神财富。有许多人称呼我“大神”，称赞我“无私”，夸奖我“公益”，然而只有我自己知道，帮助别人所带来的那种精神满足感，其实远远超出了我的付出；更重要的是，持续的分享带来的必然会是持续的思考，这种几乎 24 小时永不停转的思考强度，在另一个层面推动着我在工作上不停地向前，同时促使我的思维的深度和广度也慢慢地朝着一个良性的方向延伸，所以我给予别人的越多，我收获的也就越多；我分享得越多，脑海里面的思想就越发深刻，因此你也可以发现，本书的写作风格和文字特点，有着从浅到深的变化，因为本书从严格意义上来讲，我足足写了三年时间。

没错，三年时间，从一开始各种实用“招式”的分享，到后来更加注重思维层面的启发和激荡，这本书实际上也反映了我从“术”到追求“道”的心路历程。那么，什么是术，什么又是道呢？

道者，天地之规也。在我看来，道是世间万物的本质、运行规律及其相互之间的关系，而术则是事物运行过程中的显现，翻译成武侠术语是：术是招式，道是内功。再翻译成职场人的话则是：术是一种工作技巧，而道是一种思维能力。然而，大部分人喜欢听的，喜欢看的是技巧，而不是思维。在他们的眼里，“干货”就是教我怎么搞定客户，怎么拿下订单，又或者是怎么从旁人的成功案例中学习工作方法，但我想说的是，所有别人成功的方法，换到你自己的身上，即使是同样的产品，都很有可能出现截然不同的结果，唯有成功背后的本质原理，才是恒久不变的，所以当我们工作了一定的年限后，就应该去忘却表面的现象，而更多地去思考事物背后的逻辑与本质，就好像商业的本质是利益，假如没有足够的利益驱动，再高明的话术也达成不了交易一样。

这个，我称之为从术往道的过渡。

这并不是一条容易走的路，因为人都是有行为惯性的，总喜欢跟随自己过往的经验工作，又或者幻想着能够用一种做法应对万千状况，然而现实的情况是：

1. 任何经验在被证实错误之前，它总是正确的。

2. 这个世界上没有哪个大招可以用来打遍天下无敌手。

3. 瓶颈的产生恰好就是卡在需要从技巧向原理升华的阶段。

所以工作了一定年限后，我们就得开始去学会研究事物背后的本因和逻辑，例如简简单单一个“客户为什么说我们的价格高”的问题，假如是初入职场的我们，大概会回答“我们的价格高是因为我们的质量好”，然而假如我们已经开始学会了深度思考，那么我们就会去考虑如下问题：

客户为什么需要这个价格？

这个价格到底是由市场价反推回来的呢，还是从竞争对手的报价中推断出来的？

假如是从市场价反推回来的，为什么市场上会是这个价格？

市场上是不是发生了什么其他的事情，例如是不是客户的竞争对手突然降价？

客户的竞争对手为什么会降价？是卖得不够好，还是他从中国拿到了更低的价格？

客户给我的目标价格，真的是既定且无法改变的吗？这到底是他真的需要还是换取其他条件的幌子？

客户给我的目标价格和给我竞争对手的价格，会不会不一样？

假如我们学会了去思考类似的问题，我们就会发现，其实客户和我们说的每一句话，做的每一个动作，都来自他的角度、立场和利益，而这些统统都是受到市场变化影响的，那么假如我们要回答好客户提出的问题，我们就得站在客户的角度，去首先探究客户为什么会提出这个问题，以及他要的是什么样的答案，之后我们才能最终给出符合双方利益和诉求的答案。

这些，我都称之为道，可以将其分为三个阶段：

第一阶段：悟道。开始学会看懂事物发展的本质以及不同事物之间的联系，包括过去、现在与未来之间的联系。

第二阶段：入道。开始走在正确的道路上，学会将他人总结出来的理论或者方法论应用到实际工作上。

第三阶段：掌道。开始形成属于自己的工作风格和方法论，并且学会向他人输出自己的价值理论。

是的，别人说得再好，做得再棒，那也是别人的东西，那也是别人的“道”，可以借鉴，可以参考，但最终我们必须得形成专属于自己的东西，否则我们也不可能做出超越前人的成就。所以，希望你在阅读本书（或者阅读所有书）的时候，千万不要认为作者所说的就一定是正确的，更不能认为作者所说的就是绝对不变的真理，因为世界是一直在动态变化的，今天的真理可能在明天就会变成谬论，作为读者，你应该更多地去探究作者说出这番话的时候，他背后隐藏着的思考逻辑，并借此激发自己的思考，去形成自己的思考逻辑，假如你能做到这一点，也算是圆了我出版此书的初衷了。

性情即天赋，我道是大道。祝大家都能找到并走上属于自己的正确道路。

最后的最后：

感谢我的妻子，在我沉迷于码字这种外人眼中的“不务正业”时，给予了我 100% 的支持。

感谢我公司的同事们，是你们的大力支持让我能够从公司的琐事中抽离出来专心写书。

感谢外贸基友团的老麦、Ben 叔、雷神和雪碧，让我们一起继续外贸公益分享 30 年。

感谢门徒俱乐部的学生们，是你们让我真正体会到身为一名老师的责任和义务。

目录
Contents

上　篇
以术制胜

第一章　外贸销售关键点

第一节　报价与付款

你真的知道该怎么报价吗?

作为一名外贸业务员，报价是你的日常工作之一，但其实很多人的报价方式并不正确。

你可能会说：“报价还不简单？价格不就是由成本决定的吗？成本+费用+利润，再根据汇率折算为外币报价，难道你敢说这样不对？”

对，假如市场上你是垄断企业或者寡头公司，你能操控市场上价格的话，这么说是对的。

但现在的国际贸易市场是买方市场，假如你真的就只是这样来报价的话，我会说：你错了。

你知道从装货港到目的港的运费是多少吗，目标国的进口关税和增值税率是多少吗，从目的港口到客户仓库的费用是多少吗？你能从FOB 价推算出货物到达客户仓库后，成本是多少吗？你知道你的客户是贸易商、批发商还是零售商吗，他们各自的毛利率是多少吗？你知道同类产品在当地的零售价格是多少吗，能从当地零售价反推到 FOB 价吗？人民币兑美金的汇率你或许了如指掌，但客户目的国当地货币和美金的汇率变化，你又是否知道？

假如你全部都知道，当你报价出去，客户说你的价格贵了，你能拍桌子跳起来告诉他：胡说！老子这个价格你至少能挣 35%！而假如你什么都不知道，你就只能唯唯诺诺地说：那……那我再和财务重新核对一下成本。

让我们来举个例子。假设我是进口商，那么我必须有这样一份表格（具体数据仅供参考）。

表 1－1

FOB PRICE	US ＄ 180	FOB 单价
STUFFING/40'HQ	250	装柜数
FOB AMOUNT	US ＄ 45 000	单柜货值
SEA FREIGHT	US ＄ 3 000	海运费
IMPORTATION TAX	15%	进口关税
OPERATION FEE	1%	目的港操作费用
LAND FREIGHT TO WAREHOUSE	US ＄ 1 000	从目的港到仓库的内陆运费
NET COST IN WAREHOUSE	US ＄ 227	在仓单价
IMPORTER GROSS MARGIN RATE	20%	进口商毛利率
IMPORTER SALES PRICE	US ＄ 283	进口商销售价格
RETAILER GROSS MARGIN RATE	25%	零售商毛利率

续 表

FOB PRICE	US $ 180	FOB 单价
RETAILER SALES PRICE	US $ 378	零售商销售价格
EXCHANGE RATE	12	当地货币兑换美金汇率
PRICE IN LOCAL CURRENCY	$ 4 534.40	终端不含税价格
IVA	15%	增值税
FINAL MARKET PRICE	$ 5 214.56	终端含税价格

我们再从中国供应商的角度来看看这份表格：

（1）假如我的直接客户不是进口商而是零售商，那是不是我的FOB 价可以相对提高?

（2）假如市场上的零售价实际上是 $ 5 000，在客户和他的下线客户死活不肯压缩利润的情况下，我是不是得降价了?

（3）我今天杀出一个超低的价格，反馈到目标市场上之后，会不会对我其他的客户造成影响?

（4）当地货币的变动情况会对我有什么影响?

（5）我的 FOB 价确实太高了，我有没有可能直接联系到客户的下线客户来和我合作? 或者我是不是得开发新产品做降成本工作了?

（6）……

可供分析的情况有太多太多。

当然你会问：你说的都是废话，我当然知道这些信息重要，但问题是我该怎样去拿到这些信息?

To be honest，假如我是你的客户，我不可能主动告诉你这些信息，我只会皱着眉头，一副苦大仇深的样子告诉你：“Daniel，trust me，上批出货我勉强把你的价格给啃了下来，现在我有 big problem，我的竞争对手比我的价格低得多，我需要你的 support。”巴不得你什么都不知道。

你也不可能愣愣地把这个表格发邮件给客户填，99% 的客户根本不会理你。

你需要找一个关系好的客户，在一个风和日丽的日子里，打个电话或者最好见个面，拐弯抹角地从客户口中套出这些信息。告诉对方，我们需要先一起理顺各个流程，才能一起努力把价格做得更有竞争力，把产品做得更好。或者，在当地某些政府网站中，了解进口相关程序和事宜。在获得中间各项数据之后，多关注点当地的电子商务网站，多做些当地货币汇率和市场价格的变化记录。

说到当地货币汇率变化，有些问题也要顺便了解一下：客户的经销价格以及市场的零售价格，是美金还是当地货币？假如零售是当地货币交易，但经销是美金交易，一旦美金兑当地货币发生大幅升值，就有可能出现零售商对进口商的拖账甚至死账的现象。这是一个多米诺骨牌，影响一定会波及中国供应商，要么做远期条款的出现拖欠支付，要么客户会要求更低的价格。

如何？现在你还会认为价格只是单纯由成本决定的吗？你还会觉得在公司给你的成本价基础上再争取了 5% 折扣报给客户，就已经是一个富有竞争力的价格了吗？或者说，你知道这些年客户在你身上多赚了多少钱吗？

特殊付款方式的控制

随着市场竞争的加剧，买家们的胃口越来越大，渐渐不再满足于卖家提供的价格和产品支持而将目光转移到金融支持上，也出现了不少空手套白狼意图借助卖家资金扩大生意的客户们。所以，特殊付款方式应运而生。

对于供应商来说，特殊付款方式是个让人又爱又恨的东西。不提供这个可能接不下订单，但提供了这个又会造成资金压力或者增加了潜在的风险。我个人的看法是，天下就没有不具备风险的生意，只有不具备吸引力的利润。只要风险在可控范围内，只要利润足够诱惑，只要即使发生损失也不至于伤筋动骨，特殊付款方式就并不意味着洪水猛兽。

所谓特殊付款条件，指的是 T/T BEFORE SHIPMENT 和 L/C AT SIGHT 之外的所有付款方式，我们今天主要来谈三种：

T/T AGAINST B/L COPY；

LC ××× DAYS；

OA ××× DAYS。

1. T/T AGAINEST B/L COPY，见提单副本付款

目前，见提单副本付款的方式已经被渐渐操作成了“到港前付款”。买家在说服卖家接受这种付款方式的时候的说法是：“放心啦，提单在你们手上我又拿不到货，这样你们还有什么好担心的呢?”对于这种做法，先让我们来认清一下其中的潜在风险：

（1）一旦客户拒付，卖家需要承担回程的海运费。

（2）某些目的港不能接受退运。

（3）假如确定退运的时候在目的港产生费用，这笔费用将会由卖家承担。

（4）某些目的港有货物堆放超过一定期限未提货就不再允许退货

且会进行强制拍卖的规定。

（5）货代有可能在未取得卖家同意的情况下私自放单给买家。

（6）某些国家可能只需要提单副本就能放货。

总共六条，看着似乎风险挺大，但其实都基于一个前提条件“买家拒付”。所以一般情况下对于此类付款方式，我一般做如下准备工作：

（1）多方面考量客户的资信情况。例如索取并分析客户的财务报告，例如了解供应链对该客户的风评，例如在和客户合作一段时间之后再提供此类付款方式。

（2）了解目的港的各项规章制度，看是否有对卖家不利的规定存在。

（3）尽可能地提高出货前付款部分的比例。

（4）尽量在出货前收海运费。

（5）尽量使用自己的货代。这点需要特别说明的是，采用 CIF 和使用自己的货代是两个概念。因为有些客户会以卖家货代价格太高为由，将自己的货代推荐给卖家，由卖家直接联系并由卖家付款给货代。但这种情况在风险管控上和 FOB 已经几乎没有差别了。之所以会建议尽量使用自己的货代，是因为在使用买家货代的情况下，货代有可能无节操地提前放单给买家，这种操作很简单。

如果有必要的话，可以选择让中信保介入。就算最终不投保，调查一下客户的资信情况也好。

2. L/C ××× DAYS，远期信用证

教科书上说，信用证是一种基于银行信用的安全的付款方式。然而在我看来，信用证的风险其实不在于是远期信用证或即期信用证，而在于信用证本身。因为远期与否对卖家而言所造成的影响在于资金压力，而这种资金压力是可以通过例如“福费廷”之类的金融手段进行解决的。我有一个资深的单证朋友曾经说过“天底下就没有找不出不符点的信用证”。这句话我无从考究其准确性和严谨性，但确实信用证经常存在一些软条款会让卖家们感到措手不及，例如：

（1）信用证要求船东提单，但只能出货代提单。

（2）信用证要求出 FORM A，但只能出 C/O。

（3）信用证要求附带第三方验货报告，但最终出不了。

诸如此类的条款还有很多，这些软条款对于卖家的审单能力都是一个考验，因此我建议：

（1）在买家开正本信用证之前，要求先发信用证草件供卖家确认。

（2）尽量减少不符点的存在。有拒付风险是一回事，最重要的是每个不符点都是钱。

另外，在我任职外贸销售的年代，有些信用评级不佳的国家或银行开出的信用证，例如委内瑞拉，公司是不予接受的。我不知道这种做法现在是否还跟得上时代，请各位卖家自行考量吧。

3. OA，OPEN ACCOUNT，俗称“赊账”

对于某些国家，OA 几乎已经成了必需的付款方式，因为整个国家的商业链都是通过 CREDIT 来运转的。消费者用信用卡分期付款，经销商们压上游的资金，进口商们势必也得把这部分资金压力转移到出口商身上。我相信现在所有的企业只要通过 OA 的付款方式出口，就必定有中信保的介入。拒收赔付 80%，不付款赔付 90% 之类，让这个看似风险最大的付款方式其实反而并没有那么大的风险，除了资金压力外：

（1）OA 最大的风险不在于出货后，而在于出货前。因为假如出货前买家取消订单的话，卖家是不受中信保保护的。因此，收取一定比例的订金很重要，在我曾经身处的家电行业，不收订金的 OA 已经慢慢淡出了市场，这是一个好兆头。

（2）在能够协调沟通的情况下，不到万不得已尽量不要提出信保的赔付申请，因为这个会影响卖家后续所有订单的保险费。

（3）信保对于 OA 的 SHIPPER、CONSIGNEE 和付款人有严格的限制，假如必须出现 CONSIGNEE 和承保人不一致的情况，一定要提前告知信保，否则可能出现不承保的情况。这种情况其实很常见，例如承保主体在墨西哥，但出于某种例如避税的需求，CONSIGNEE 和付款公司在美国。那么就需要证明美国公司是墨西哥公司的子公司，或者在合同上申明货款由美国公司支付，否则墨西哥公司将承担所有的付款责任，极有可能出现麻烦。

除了 100% 订金的付款方式外，几乎所有的付款方式都有各种的风险，但生意并不能因此就不做了，有些客户没有特殊付款条件确实是做不下来的。因此对于供应商老板来说，主要考量资金压力，订单的需求程度和订单利润，以及潜在的风险是否能够承受。以我为例，我对某客户常年有一笔无担保的 credit，没有了这笔 credit，客户在中国的采购不说没法进行但至少会遭遇很多麻烦。这不代表我就有多信任客户，只不过在绝对的利益面前，很多东西需要冒险，而且即使最终冒险失败我也不至于破产。但对于供应商业务员来说，在公司规定的付款方式框架内，能做的工作其实不多。虽说有时候能利用所学知识说服老板接受某种特殊付款方式，但除非有确切把握，否则并不建议太过于激进地去说服公司接受某些原本不太能接受的特殊条款。因为就算客户的过往记录再好也说明不了什么，一个经济危机就可以把所有东西都湮灭。这种损失，可能是一个业务员完全没办法承受的。而且在这个竞争激烈的年代，谁又能够有100%的把握客户最终一定会付款呢？

再高的利润，只要没收到钱，都只是财报上一个美丽的数字而已。由于生意的本质我们没有办法让风险消失，但我们可以尽量去了解风险，去控制风险。稳健的经营比什么都重要，这是一个有良心的买家，对所有卖家的忠告。

对待一味要求低价的客户，业务该怎么办？

有朋友说："我是很想有一说一地对待客户，可是每次当我很诚实地把底价报给客户后，客户还是跟我要更低的价格，到底该怎么办？"

关于一味要求低价的客户，这个问题说大挺大，说小也挺小，我们可以从两个角度来解读。

1. 从小处分析，说价格高的客户不外乎两种

（1）客户有意向采购，但想压价提高自己的利润。这种客户没什么好说的，别说10%，就算他说你的价格高了100%，应对的策略唯四个字"坚守底线"。最后不管客户怎么唉声叹气不赚钱，该下的单总会下。但有一点需要注意的是，坚守底线并不是一定要硬邦邦的。有些卖家吃定了客户会下单，所以不管客户要求什么都一口一个NO。不要中了"business is business"的毒，没错，这一次客户是不得不从你这里买，但下一次呢？生意确实是生意，但生意也是人做出来的，不要忽略了"人"是感性的，是有情绪的。当人与人之间只剩下纯粹的生意关系的时候，除非你确信全中国只有你这么一家优质的供应商，否则的话，适当给点折扣，适当在无关紧要的地方给些支持，让你们的关系更紧密一些，对以后是有帮助的。

（2）客户确实觉得你的价格高，没办法下手采购。这种情况也很正常，例如客户是做低端产品的，而你是供应中端产品的，这样双方是很难走到一起的。在这种情况下，你再怎么努力也是没用的，产品的成本摆着呢。这个时候我们需要做什么呢？尽量去和客户保持关系，当客户未来有意进驻中端市场，或者客户在低端产品上吃苦头时，我们的机会就来了。再就是跟客户套取一些市场的信息，例如要是客户的整个市场都是做低端货的，你是不是需要和老板沟通一下，开发一些低端系列的产品？或者不光这个市场，其他市场也出现了往低端迈进的趋势，那更是需要赶紧找老板开会。否则再过几年，可能产品就完全卖不动了。

2. 从大处分析

（1）一种产品从研发出来到逐渐成熟，价位都是慢慢走低的。山寨产品是永远存在的，竞争对手的节操永远是在负一层的，价格没有最低只有更低。因此我们永远没有办法通吃所有的客户。一些一味要求低价的客户，还是潇洒点让他们随风飘散吧。这部分客户的订单即使想咬牙做下来，至少也要有利润之外的战略考虑，例如维持生产规模之类的目的。当然了，这个就不是业务员该考虑的事情了，我们需要重点抓住的，是那些不仅仅把眼睛放在价格上的优质客户。

（2）很多人说外贸不好做，但事情是否真的如此？我听广播，说顺德 1 ~ 11 月份的出口额同比增长了 20%。而我们之所以觉得外贸不好做，那是因为很多工厂公司现在还是把眼光放在劳动密集型的领域，而这种领域是必然要慢慢衰退的。不说现在越来越多的工厂设在泰国、越南等地，就是珠三角的工厂都在慢慢往内地迁移。当在某一个产品领域，竞争越来越激烈，产品附加价值越来越低，前景越来越渺茫，客户要求的价格越来越低时，身为一名普通的员工，抽身转投另一个领域或许是一个迫不得已的选择。至于什么产品、领域才算好？有技术门槛的，市场新兴的，附加价值大的，能给客户带来更多利润的，都在可以考虑的范畴之内。举个例子，我有个客户以前是做家电的，每次下单都要和供应商争论好长时间，后来毅然换行业不做家电了，现在下单都不谈价格了，供应商给什么价格，他一看合适的，直接授权下单。供应商都找那种能提供高质量高技术含量产品的公司，甚至有时候为了提高性能不惜增加采购预算，为什么？因为他能赚钱，他的利润够高，他根本就不会在意中国这边的采购价是高两个点还是低两个点。作为销售的我们，当我们的客户一味要求低价的时候，其实这可能是个行业问题。我们应该考虑的是，我们是否该换行业了？

也谈目标价格

在价格谈判中，有些客户只会不停地告诉你“I need lower price”，而有些客户会直接告诉你他的目标价格。这种情况，该如何应对？

正如同许多客户喜欢说“告诉我你最低的价格”一样，卖家也经常会问“请问能告诉我你的目标价格吗”？对于初级业务员来说，这么问或许确实是想拿到一个数字；但对于高级业务员来说，问这个问题其实只是想确认客户的采购意向而已。因为有很多买家（例如我），在对这个供应商没有采购意向的时候，我永远不会说出“目标价格”这四个字。即使是不得不告诉卖家一些价格信息，我也会用“其他供应商”的价格这种方式。在这种情况下，一些敏感的富有经验的销售人员，他们能够从客户透露的蛛丝马迹中，判断出客户的采购意向，从而做出策略上的调整。

在我看来，目标价格并不仅仅只是一组简单的数字，它涉及不同的情况且会根据不同的卖家产生变化，例如：

格力是中国 TOP 2 的空调厂家，而奥克斯则作为“有价格竞争力的厂家”而被广为人知。那么对于这两家工厂，我能设置一样的目标价格吗？答案是否定的。例如：假如格力报价 100 美元我会向他们买，但要是奥克斯想和我交易的话，成交价格就必须不高于 90 美元，因为这两家供应商完全在两个不同的层级上。而且，我能告诉奥克斯我的目标价格是 80 美元，但假如我告诉格力 80 美元是我的目标价的话，格力会把这个当成是一个笑话并告诉我“亲你还是跟奥克斯买吧”。因为说出这个数字要么证明我在空调领域不专业，并不了解行业内的供应商情况，要么证明我根本就没有诚意与格力合作。

有许多买家总是在不停地换供应商，不停地追寻市场上最低的价格，或者不停地 push 供应商给出更低的折扣。我不能说这是错的，在商言商，不过我认为这不是一种理想的状态。

有个牛人曾经说过：给合适的人高工资其实会降低企业成本。在采购的领域我也是这么想的：

（1）在商并不仅仅言商，它还包含了双方之间的关系和供应商的积极性，等等。我帮助供应商们成长，我让他们富裕，我让他们感到和我一起工作是一件开心的事情。那么当某天我有一些额外要求的时候，他们会真的“try the best”来帮助我，而不是口头说说而已。

（2）商业不仅仅是一方的事，它必须能够让供需双方都获利，我不想让我的供应商们在对着我的时候笑吟吟，但我一转身他们就在我的背后满腹怨言。

（3）不停更换供应商会造成大的机会成本。因为员工需要不停地找寻供应商或者不停地和各类人谈判——有这个精力和时间去开发更多的客户不是更好？客户需要不停地去适应新的产品，等等。更何况太过于频繁地更换供应商，迟早有一天会遇到一些价格虽然很低但实际上是垃圾的人和工厂。

（4）基于以上的原因，我从来不找市场上的最低价，我一直的理念是：质量是好的，服务是优的，价格是合理的，能长期合作的供应商才是好的供应商。

所以回到主题“目标价格”，对于我目前的供应商以及有采购意向的供应商，我倾向于告诉他们真实的目标价格而不是 KEEP ASKING MORE。只要在这个目标价格上我能做生意，供应商们也能赚到合理的利润，双方都高兴。但这个也需要基于买家对于市场和供应链有足够深刻的理解，知道这个价格确实只是“合理”而不至于让供应商笑话你是条大水鱼，以及基于你对供应商的信任。

以上仅是我个人的采购风格，仅能代表部分客户，价格永远不是第一考虑指标，是否值得信任才是最关键的。但不管怎样，还是建议各位在和客户的交往过程中，努力建立私人的交情，逐步让客户产生对你的信任，毕竟生意最终还是由人来做的。

FOB VS CIF

说到下单，肯定会接触到的就是例如 FOB/CIF 等贸易条款。我以前看过一条微博，内容是这样的：

某 500 强企业对所有外贸人员做了一次考试，里面有一道单选题是这样的："CIF 和 FOB，对卖家来说哪个风险更大?" 四个选项：说不清，C 大，F 大，一样大。不要去百度搜索，根据你的实际工作经验，你的答案是什么?

这道题如果出现在大学的期末考试，或者应届毕业生的入职前笔试，那答案只有一个，就是"FOB 和 CIF 对于卖家来说，风险是一样大的"，货物过船舷，其风险即转接给买家。但事实上，在变化莫测的国际贸易中，一来我们不能用静态的眼光看待贸易术语，如有个朋友说的，"不结合付款方式来谈贸易术语都是耍流氓"；二来风险实际上意味着更多的东西，不仅仅只是货物的损坏或灭失；三来现在许多买家、卖家，并不会用贸易术语甚至合同来真正地约束和规范自己的行为。国际贸易纠纷是很难靠打官司解决的，所有的事情都得尽量放在谈判桌上解决。所以，作为卖家，我们不能依赖所谓的合同或贸易术语。我们需要做的，是尽可能地把所有的潜在风险都考虑到，并将其发生的可能性降到最低。

回到正题，在当前真实的国际贸易中，CIF 和 FOB，究竟哪个风险更高?

我的观点是，说不清，因为这是个要结合实际情况来讲的问题，所以这道题没有所谓的标准答案，就看谁能想到更多的情况下的不同考虑。

1. 为什么说 FOB 风险高

（1）在后付款的情况下，货代容易和买家勾结，在买家未付尾款的情况下放单给买家。

（2）假如客户最终拒提货物，FOB 情况下由于货代是由客户指定的，不在我们控制之中，不管是退运还是转卖，操作上都会很麻烦，而且容易产生高额的滞港费用。

（3）在 FOB 情况下，客户指定货代的本地费用，往往比 CIF 情况下用自己的货代要高。

（4）在 CIF 情况下，假如出现生产不及时的情况，导致交货要推迟几天，有可能申请到 LATE COME 从而满足信用证的交货要求。但在 FOB 的情况下，要拿到货代对卖家的额外支持，很难。

2. 为什么说 CIF 风险高

（1）CIF 的流程复杂，越复杂就越容易出错，一出错风险就来了。关于这个可以举个简单例子：买家要求 1 月 15 号之前发货，因为 15 号过后 GRI 运费要大涨。在 FOB 情况下，由买家指定的货代订船订舱，结果订不到导致要推一水船，运费涨了 500 美金/柜，那么责任就不在卖家。但假如在 CIF 情况下，这个责任就妥妥地要被推到卖家的身上。

（2）CIF 要承担货到目的港并被买家提走之前的责任。我们当然知道这个说法在理论上是错的，即使理论上 CIF 货物一旦越过装运港船舷，责任和风险就转嫁到买家身上，但实际上并不尽然。不过当然了，这个也要分不同的客户不同的情况。而且在 CIF 情况下，即使出现损失，也有保险公司的介入。最怕的是做 CIF 结果忘记了买保险或者存侥幸心理而不买保险。我有一个朋友就是做 CIF 忘记买保险了，结果很巧船触礁了，货柜掉水里了，结果责任就全落在卖家的身上。

3. 小结

（1）不管是 FOB、CIF 还是其他贸易术语，都不是一种静态的存在，我们要结合例如付款方式等实际问题进行考虑。

（2）FOB 和 CIF 中物权的转移其实都是以“交单”作为节点。但 CIF 中由于卖家掌握了货代，会使物权的掌握更加牢固，尤其是在货后付款的情况下。

（3）货代是国际贸易中非常重要的一环，谁掌握货代就相当于掌握了更多的主动权。所以在一般情况下，我倾向于卖家尽量做 CIF。在我以前做销售的时候，每次出货前我都会报个 CIF 的价格给客户参考，而且做 CIF 有时候可能会给卖家带来额外的利润。

（4）同上，作为买家对做 FOB 也有更多的倾向性。除了掌握主动权的考虑外，更多的是海外货代基本上是从海运到进口一条龙服务。选择 FOB，从沟通到操作，都能给买家提供更多的便利。

MORE THAN FOB

FOB 作为当前国际贸易中最常用的条款，是有其历史原因的。

一方面原因来自客户。做国际贸易的谁没有几个相熟的进口代理。在某次觥筹交错时，进口代理举起了酒杯说：“大哥，既然我现在负责你的代理进口，就一定把工作干好，要不大哥你把海运这块也交给我怎么样？海运费月结是最基本的，90 天账期也可以谈，要是某些特殊时期你急需提单，我们也是可以做一些工作的。”说完挤了挤眼睛，客户心领神会，微微一笑也举起了酒杯。

一方面原因来自卖家。尤其对一些老派工厂而言，别说 FOB 了，他简直恨不得所有的条款都是 EX WORK，一手交钱，一手交货。最好是客户直接拉来柜在生产线尾的地方候着，货一下线就直接装柜，什么拖车什么驳船什么报关什么退税，统统和他什么关系都没有。

在这种前提下，FOB 成为多方博弈之后的最佳平衡点，久而久之，FOB 慢慢也变成许多中国供应商的定式思维：中国之内的事情我来搞定，中国之外的事情和我没关系，Free On Board 嘛。

但事实真的如此吗？对此我不能赞同，我认为这个问题可以从两个角度来看待。

1. 从操作层面的角度

很多公司鼓励业务跟客户做 CIF，原因很简单：

（1）运费 + 保险可以是一个额外的利润来源。

（2）能避免本地费用超标。

（3）能有效控制物权，尤其出货后付款的情况下。

但我认为这些并不是最重要的，最重要的是我在客户采购链条中的比重越大，我的核心价值就越大，客户换掉我的机会成本也越高。设想一下，我不光能给客户提供产品，还帮客户把产品运到目的港，甚至负责进口清关、代交税，再直接发货到客户仓库。久而久之客户对我的依赖程度越来越高，这个时候即使竞争对手跳出来告诉客户他的 FOB 价格比我低 5% 又如何？换掉我对于客户来说意味着换掉很多东西。

2. 从意识形态的角度

从财务的角度，出货收到款了就是 close file 了。但对于 B2B 的销售人员来说，只有客户也把产品卖出去了才算是销售的完结。然而这种意识很少有人具备。我们往往只能看到“货过船舷”之前的这一端，只是用“成本 + 费用 + 利润”的方式去报价，天真地以为不就是推迟一水大船嘛，有什么大不了，认为扫漏一个流水号这种小问题不需要提前告诉客户，更别提什么了解客户的渠道和下线，以及帮客户做营销和推广了。Free On Board，货过船舷就没有我什么事情了。是的，你们这么想是没错的，可是你的竞争对手并不这么想。他们的战场早已前移，他们会时刻留意市场和当地汇率的变化以帮客户规避风险；他们会和客户一起去考察市场，一起设计产品，一起见下线客户帮忙做 presentation；他们会在当地设立海外仓以便迅速交货，甚至设立分公司帮忙提供售后。他们该做的都做了，不该他们做的也做了，目的只有一个，协助客户把产品卖出去，甚至在有必要的时候将客户取而代之。听上去是不是有点熟悉？这就是内销做的事情啊！

如果你认为内销整天无所事事就错了，我在前东家主管海外分公司的时候，为了学习怎么做“海外内销”参加过几次集团内销系统的会议，当时给我的感觉是极其震撼的。同属一个集团的外销系统与内销系统相比简直就是一个蹒跚学步的小孩。简单来说吧，外销眼中只有客户，而内销看到的是整个市场。

如何把外贸当成内销来做，这是一个值得所有外贸从业人员思考的问题。那些号称“我们专注制造，把销售都交给客户”，只想永远安静地做一个美男子的工厂，注定会被历史的潮流所湮没。

降价是一门艺术

作为商务谈判中最重要的一环，99%的小伙伴都遇到过客户说价格贵的情况，但是……

客户一说贵我们就要降价吗？

什么时候才是降价的最好时机？

降价是否需要一个理由？

怎么降才合适？

让我们先来看一个真实案例：

Hi Daniel，我遇到了一个××国进口商，他负责转卖给当地分销商，之前同我们公司合作过一次。年前谈新项目，他一直追着我们压价，我们降了两次就说降不了，问他什么时候要货，他说等他拿到他客户的合同后要货。后来见我们坚持不降低价格，他也不追着我们谈了，可能那个单他们也没拿到。现在他又有一个新项目，我们快速地报了价，他说一部分可以接受，其他的价格太高，然后又加了几个产品让报价。我把晚饭时间都用在给他报价上了，他说价格太高，我说每个都高？他说对。我说没有一个能接受的？他说是的。我就说你下午还说有的可以接受呢！他就沉默。我说要不让他再仔细看看我们的价格，实在不行我们发样品给他，让他自己比较质量再说贵不贵，他还是沉默。我试图缓和气氛，他没理我的闲扯，说你的价格太高了，让你们老板便宜点，不用着急，我会等你们回复的，然后他就不再联系了。

第一次合作的时候是我同事负责的，那时对方说太贵，我们降了价，对方还是说贵，最后我们又降了一点点就成交了。同事离职后，现在该客户由我负责，我觉得如果他现在有单，是可以接受我们提出的价格的，但是他使劲压出我们的最低价，是想要更多的利润？或者手里没单就等拿到最低价然后去找他的客户？

假如你是案例中的业务员，你该怎么做？

先不揭开谜底，让我们再接着往下看。

在采购界，有这么三个“永远”：

（1）面对供应商的价格，我们永远只需要说一个字，“贵”。

（2）永远要让供应商感觉我们是有单的，他接不到单只是因为我们把单下给了别人。

（3）永远不要让供应商知道我们必须得下单给他。

根据这三个“永远”，让我们再回过头来看一开始的几个问题：

1. 客户一说贵我们就得降价吗

答：不是。任何不以下单为目的的降价都是耍流氓，当客户说价格贵的时候，我们首先要明确几个问题：

（1）客户手头上究竟有没有订单？

（2）降价了就能拿下订单吗？

如果答案是不，那就没有降价的必要了。

2. 如何明确客户的情况

可以问如下四个问题：

（1）假如一切都 OK 的话，客户大概什么时候能够下单？

（2）预计货量有多少？

（3）有目标价格吗？

（4）除了价格之外，还有其他需要我们支持的吗？

这几个问题，建议通过打电话或即时通信工具询问。假如客户能直接回答出来，那事情就完成一大半了，接下来我们需要考虑的就是如何降价的问题了。但要是客户支支吾吾地连大概什么时候要下单都回答不出的话，只肯告诉你“just give me your best price”，那对于这个客户的情况我们就得首先打一个大大的问号。

3. 什么时候才是降价的最好时机

答：有一句话叫“剑在鞘中才是最锋利的”，随便降价和随便拔剑是一个道理，要么让客户太容易看穿你的底牌，要么客户会觉得降价来得太容易，他会更不介意多嚷嚷几声“贵”。对于降价的时机我有两个建议：

（1）不降价就会失去客户的时候。

（2）降价就能拿下客户的时候。

在这两个时机之前，可以尽量和客户说一些无关紧要的话，例如“价钱好商量啊，只要你怎样”之类。

另外还有一种特殊情况，就是知道客户已经或者即将下单给别人，那么本着损人不利己的态度，开出一个最低价甚至低于成本的价格，打击竞争对手或者让客户进一步去压低竞争对手的价格。不过这种做法我并不推荐。

4. 降价是否需要一个理由

答：降价不需要理由吗？就好像你去买衣服，店家说这件衣服100块，你本着半价砍的原则说50块行不行，店家马上爽快地回答说行。我担保你这个时候第一个反应是扭头就走，或者厚着脸皮说不行我现在25块才肯买。但要是店家一副忍痛割肉的模样，从90块和你砍起，最终70块成交，此时你反而会很满意。

所以当我们降价的时候，不能让客户认为之前报了高价。能够使用的理由很多，有不少人会说“我去跟上级申请一下”。这个理由我觉得不太好，很容易让客户感觉在这次的谈判中，你只是一个没有决策权的小兵，那他为什么还要花时间和你谈，直接和你的上司谈不是更好吗？我建议用如下的理由：

“我去跟老板申请一下”，你的直接汇报人是老板，瞬间“高大上”了。

“我去跟财务核算一下。”

“我们公司最近刚好针对部分VIP客户有促销活动，我去协调一下，看看能不能把你列进去。”

总之一个道理，就是让客户感觉到降价是他经过千辛万苦才争取来的，而不是你简简单单上唇碰下唇就吐出来的。没有理由的降价，还不如不降。

5. 怎么降才合适

答：我曾经遇到这么一种情况：当我跟某供应商说你们价格太高了的时候，他马上就降下去了10个点，我说还是太高的时候，他马上又降下去10个点。这个时候且不说我对他的初始报价究竟有多少诚意打了个大大的问号，光是他接下来还有多少10个点可以降，我就已经抱有极大的观望兴趣。对于降价的幅度，我有两个建议：

（1）每次降价的幅度都不要太大，除非涉及不同系列/配置产品的更换。

（2）最好采用梯形降价的方法，例如第一次降2%，第二次降

1%，第三次降0.5%，让客户感觉你已经在拼命地把价格往成本线上压缩了。

我们一直说“Business is Business”，但不管是什么商务，主体都是人，是人就有情绪、欲望和诉求，而人与人之间的关系是最难揣摩的东西之一。虽说相比内销，这种人与人之间的关系所带来的不确定性已经被降到了最低，但我们依然无法忽视“人”这个因素对商务带来的影响。客户的国籍、性格、偏好等，影响着整个商务的流程，这就决定了降价并不仅仅是我们直接从利润中让出一部分给客户就能结束的。

最后我们再回过头来看看一开始的案例，假如你是文中的业务员，你应该怎么做？案例中的业务员是否曾经犯过什么错误？现在又该如何处理？具体应该怎么处理就留给大家思考吧，我只能说最终这个客户还是下单了。

第二节　邮件细节的处理

邮件沟通至少占据了外贸人80%以上的日常工作时间，然而很多人写的邮件并不规范。

邮件主题

很多人对于邮件主题并不是很在意。但在这个快节奏的商业社会，在越来越多人用手机查看邮件的情况下，一个合适的主题会更加吸引客户的关注，或者说，能帮助客户决定是否打开邮件，并且能帮助客户在未来需要检索过往邮件的时候更加容易看到这封邮件。

这里分为两种情况，一种是相对熟悉的客户，一种是陌生的客户。

相对熟悉的客户，在主题中点出正文的大意即可，例如 Quotation of A/C from ×××-20131009，Oct. 2013 Payment Schedule，2nd Order Following Up 之类。这里我之所以把日期等数据写上，主要原因还是为了万一客户在今后需要回顾或者检索过往的邮件，让对方能更加容易找到他想要的东西。

假如是相对陌生的客户，我看到不少人把自己的公司名字作为主题，个人认为这种做法不是最好的，除非你笃定客户看到你的公司名字能联想起什么来。不然的话，我还是建议主题中最好包含自己的产品名字。因为客户每天都会收到许多来自陌生供应商的邮件，扫一眼邮件主题后，如果不能发现这封邮件是和他的生意相关的，有的人会直接选择不看。

发件人

这里的发件人指的是当客户收到邮件的时候，和主题同时显示的发件人信息。绝大多数的人都会设置为显示自己的名字，例如 Daniel Lee，也有一些人不做设置直接显示自己的邮箱地址。我认为，在名字后面加上自己的公司名字甚至产品名字效果会更好一些，因为给客户发过邮件的可能有几十个 Daniel，作为客户有时候真的很难记住到底这是哪个 Daniel，至于直接显示邮箱地址的就更不可取了，尤其是那些以 sales5、service6 等开头的邮箱，无法让客户从中提取有用信息，从而记住你。

邮件正文

年轻人在追求意中人的时候，往往会打听意中人喜欢看什么书，如果对方喜欢看莎士比亚的著作，就会在某一天装作不经意地在对方面前背出一句“to be or not to be”企图吸引注意力，这叫投其所好。邮件也是一样的道理，客户给你回复的邮件用的是什么字体、字号，怎样排版，这都代表了对方的偏好。虽说我们不一定就要完全按着客户的版式来，但至少不能达到让客户看一眼都觉得烦，所有杂乱无章的，乱用大小写的，字体字号不统一的，第一行空两格的，颜色斑斓伤眼的版式，都很难吸引别人阅读的欲望，更会给客户留下不专业的印象。至于哪种字体才是外国客户认为好看的，我认为不会是宋体。

其次，关于要不要在邮件正文中放图片或者表格，我的看法是这样的：

（1）如果是陌生客户，最好不要放置，以防被对方的服务器当成垃圾邮件。

（2）如果是已经有一些来往的客户，直接在邮件正文中放图片或表格，有非常直观的效果，但前提是图片和表格仅仅起到展示的作用，而且表格中的各项汇总数据，例如总金额、总数量之类的已全部填写好，客户只需要看就行。而那些客户可能需要另存为或者修改之类的文件，例如报价表，就最好还是采用附件的形式。

邮件签名

我之前收到过一封邮件，邮箱是gmail的，签名只有公司名字、电话和传真。类似这样的邮件让我看后深感遗憾，因为没有网址，也没有可以从后缀找到网址的企业邮箱，总不能指望客户去自行搜索你的公司名字吧？当然，如果邮件正文体现出来东西特别吸引人除外。但理论上来说，这种情况不可能出现，因为客户扫一眼邮件就会很容易得出一个“这家公司不值得关注”的结论，不会去关注正文的具体内容。

至于是否要在签名档放邮箱地址，有人可能会觉得既然客户收到了我的邮件，那他自然就知道了我的邮箱地址，在签名档放的话太多余。但在许多公司，邮件往往会被再次转发，有时候由于某个人的客户端设置问题就会导致你邮箱地址消失。反正在签名档加个邮箱地址又花费不了多少时间，何乐而不为呢？

附件

有些供应商发出去的附件，其命名的内容往往对客户毫无意义，例如产品图片，用的是只有自己才能看得懂的产品型号，或者从相机导出来的时候叫什么文件名就用什么文件名。我建议：

（1）命名要让对方能轻易看懂这到底是个什么文件，假如是测试报告，可以写产品的具体名称、类型及测试报告的时间。

（2）最好做到让对方另存为的时候不再需要更改文件名。

（3）邮件正文中最好对附件有一个描述，例如 attached you would see the quotation，the product picture and test report 云云。

最后，稍微总结一下：

（1）发邮件的目的是要产生效果，试着站在收信人的角度思考问题，我们才能确保效果的最大化。

（2）TOP SALES 并不意味着能说会道。让客户事无巨细都能有如沐春风的感觉，也是一种重要的特质。与人方便，最后总会给自己带来方便。

（3）处理好邮件的细节不一定就能带来订单，但一定能让客户更好地记住你这个人。

（4）把客户当成傻瓜一样来对待，总有一天客户会真变成傻瓜一样离不开你。

第三节　面对客户与竞争

你真的知道客户需要什么吗

当客户说“你的价格太高了”的时候，我们以为客户需要的就是价格，但这是一种错误的想法。

我曾经看过一篇小故事，内容有点意思，大意如下：

有个富翁要娶媳妇儿，候选的有三个姑娘，富翁给了每个姑娘 1 000 块，让买东西把房间填满。

A 姑娘把钱都买了棉花，堆了二分之一。

B 姑娘把钱都买了气球，堆了三分之二。

C 姑娘就买了一根蜡烛，光照亮了整个房间。

结果富翁娶了胸最大的那个姑娘。

有人可能会觉得奇怪，这富翁是不是精神不正常。明明就要找胸大的姑娘，为什么又要故弄玄虚买东西，直接让姑娘们穿着比基尼站一排不最简单？天地良心！我敢发誓这富翁在之前肯定一直以为自己想要的是智慧，直到最后一刻才终于知道原来自己想要的还是美貌。

人们说这个故事告诉我们要善于挖掘客户的真实需求，但你真的知道客户需要的是什么吗？因为有的时候连客户都不知道自己想要什么。

让我们给这个小故事增加两个人物，一个是胖子管家，一个是瘦子管家。

富翁对俩管家说："我觉得智慧是世界上最美好的东西，我分别给你们 3 000 块，你们帮我找出这三姑娘中最有智慧的那个。"

胖子管家得令，风风火火地去了。

瘦子管家拿了钱，犹豫了一下，躬身道："老爷，请容我问几个问题。"

"可以。"富翁一向是个宽容的人。

"老爷要找最有智慧的女孩，是想让她帮您理财吗？"

"我家财万贯，就算只出不进，我一辈子也享之不尽，何须他人帮我理财？"

"如此说来，智慧于老爷恐无大用，或许您想要一个好生养的女孩，以求开枝散叶、子孙同堂？"

"生那么多子孙，好来谋我的身家吗？"

“小的无礼。如此，善良或许更好一些?”

“善良是不错，但总听说心灵美，就怕心里美了样子不美……”

“小的明白。不知老爷认为怎样才算好看呢?”

“我打小就喜欢我家奶妈，我觉得她就是样子最好看的女人了。”

“老爷，”瘦子管家双手把钱举到富翁跟前，“如此，A 姑娘就是老爷您的需要了。”

富翁愣了一下，想想笑了：“言之有理，这钱赏你了。”

此时，胖子管家一边喘着大气跑回来一边喊：“老爷！选出来了，C 姑娘最有智慧!”

这个小故事本来没能让我有什么感想，但我突然联想到这些年的采购经历，我不正是那个胖管家吗？而且这么多年中，可曾有一次客户从提出需求到最终下单，能由始至终保持完全一致的要求吗？答案是没有，一次也没有——喂喂，别捣乱，翻单不属于这个范围。

更多的情况是，一样产品客户说要高端的，之后觉得贵，改口说那就换低端的吧，但又觉得不好看，随之换到了中端的，然后下单。

就算客户有持续在做的产品，也可能会改变要求。例如空调，客户说要铜管的，我说现在市场上绝大多数的都换铜铝管的了。客户说我做铜管的都好几年了，照旧吧。我说好，随之同时提供了空调带铜管的和带铜铝管的两个价格。客户想了想，最终下单了带铜铝管的产品。

所以，可以得出以下结论：

(1) 客户告诉你的，客户想要的，不一定就是他真实需要的。

(2) 了解客户的真实需要，除了靠询问，靠引导，还要靠自身对目标市场、目标客户和自身产品的了解。

（3）没有几年时间的沉淀，不可能积累出如上所说的这种了解，所以别轻易换市场、换产品、换工作。

（4）在了解客户的真实需要之前，别轻易报价，多问几个问题，客户反而会认为你足够专业。例如问客户的销售渠道、客户的产品档次、客户为什么要求这个参数、客户更看中供应商的规模实力还是设计还是价格……当然，在客户认可你之前也别问太多，会招人烦的。

（5）地球一直在转，市场永远在变。客户今天的需求不一定会持续到明天。

让我们都向瘦子管家学习。

销售技巧是把双刃剑

初出茅庐时，我们经常会被师父骂写邮件怎么跟一头蛮牛似的，只会一个劲儿地冲直线。

于是我们拼命地学各种技巧性的东西，例如：

（1）如何让客户更快下单——比如告诉客户今天是总经理特价，过了今天这个村就没这个店了。

（2）如何让客户更快付款——比如告诉客户原材料就要涨价了，尽快付款可以锁定成本。

（3）如何让客户更快出货——比如告诉客户运费马上就要涨了，再不出货就要扛高运费了。

（4）如何在出现问题的时候为自己开脱责任——比如告诉客户涨价只是因为上游供应商的问题，而不是因为老板在澳门丢了一大笔钱。

毫无疑问，销售技巧在一定程度上是有用的，但千万不能滥用，因为销售技巧是把要么杀敌，要么伤己的双刃剑。

先跟大家分享一个小案例。

有一个新项目产品，首单数量不多，只有约 1.8 万美元。有些公司能接，有些公司不能接。由于同事工作的疏忽，忘了问其中一家我们重点考虑的供应商的 MOQ，此时样品已经在货代仓库准备送往国外了。于是我直接发了封邮件给供应商说明情况，并询问 MOQ 的具体数量。供应商回答说，需要 12 万美元。我说，我们首单确实只有这么多，这个要求我们无法达到，没办法的话我们就只能把已在货代仓库的样品取回来了。

供应商沉默了一下，回了封邮件："OK，让我们迟点再谈数量这个问题，但 1.8 万美元的话，我们没有办法提供 OEM 的服务，只能是工厂标准的包装。"

工厂标准的包装我们没有问题，于是样品送出去了，两周后客户收到了样品，表示挺满意，我们就发邮件给供应商，说可以开始下一步了，价钱是否可以商量一下。谁曾想供应商的回复邮件却十分气人，大意如下：

（1）他们在其他市场有一个大客户，对方上次给他们下了 250 万美元的订单。

（2）1.8 万美元的订单不是他们不想接，而是他们的零部件供应商不让接。假如首单不能做到 12 万美元，那 6 万美元呢？3 万美元呢？

（3）另外，没有达到 12 万美元的订单，他们需要更长的货期。能接受这个货期的话，他们再尽力和零部件供应商沟通，接受这个数量的首单。

我知道供应商的本意可能是：

（1）他们在其他市场有大客户，大客户都下单给他们，他们的实力是值得信任的。

（2）提高数量有助于他们和零部件供应商的谈判，他们也希望有更大数量的订单。

（3）这个数量的订单他们也很为难，但他们会努力帮忙和零部件供应商沟通。

但他的回复邮件无论从哪个角度来理解字面含义，我看到的都是：

他们是做大客户的，小鱼小虾的单子不在乎，本来就不想接这个订单，价格就不要再谈了吧，货期的话他们给多少别人就只能接受多少。

而且：

（1）假如真接不了订单，当初为什么还要让我们送样？假如能从12万美元降到3万美元，说明MOQ并非不可协调。

（2）一早确定了首单数量无法改变，现在再说这个意义何在？

（3）需要更长货期为何一早不说明？

于是我告诉同事，“这封邮件不用回复了，重走一遍sourcing流程找其他供应商，中间产生的费用由我们公司承担，客户方面我自己和对方解释”。

事后想想，这家供应商应该是这么考虑的：

（1）样品能送出去总是多一个机会的，不管怎样，送了再说。

（2）供应商知道我们在其他领域的实力，觉得我们在看到实样之后，应该能谈谈，进一步提高首单的数量。

（3）到了快下单的时候，客户再更换供应商有机会成本，这个时候提出的要求会让客户不得不接受。

理论上来说，这些销售技巧是没错的，错在应用的方式和时机上。

（1）送样会多一个机会没错，但假如事先沟通好的条款在送样之后有变动的话，客户会认为你在 play games。

（2）工厂追求数量可以理解，但在一早明确数量且无法改变的情况下，过分纠缠略显无理取闹。

（3）同样一句话，例如货期要更长，提前说和拖着说，有截然不同的效果。提前说客户可以理性对待并做好相对应的准备，拖到快下单才说未免让客户产生被胁迫的感觉。有些客户追求利润最大化，这种客户对不伤害核心利益前提下的条款，接受程度较高；然而有些客户更看重服务和人与人之间的信任，一旦他觉得该供应商无法信任，那么即使这家供应商价格再低他也宁愿换掉。

因此，可得出结论：

（1）销售技巧是好东西，但要慎用，尤其是邮件这种容易引发理解扭曲的沟通渠道。在各种各样的环境因素下，什么时候该用什么时候不该用，用在哪里，用多少力度，如何做到举重若轻，这些都不是区区几本书就能告诉你的，这需要至少几年实践的积累。而且一旦销售技巧被客户看破，这个时候就不再是技巧，而是笑话，很容易产生反作用。

（2）正所谓“重剑无锋大巧不工”，自身实力水平上去了，比什么技巧都好使。这些年我个人的沟通风格从一开始的简单变成复杂，最后再回到简单。因为我认为一个好的业务不是看你说了什么，而是看你最终做了什么，毕竟我们干的是外贸，而不是内销，有一说一更重要。

遭遇抢单，内忧外患的应对策略

某天我在墨西哥拜访客户的时候，客户跟我讲了这么一个故事。

他和A公司谈海外独家代理权的时候，偶然在某B2B平台看到了来自B公司的产品，外观、性能、参数完全一模一样，他判断这肯定同A公司的产品来自同一家制造商。他很确信A公司就是制造商，然而奇怪的是，为什么A公司报价20美元而且死活降不下去，B公司却能报价18美元？后来经过调查，他发现原来A公司有两个部门，分别负责内销和外销，他是A公司外销部门的直接客户，而B公司是A公司内销部门的客户，同时也卖往海外。

讲完这个故事后他笑了笑说："Daniel，我觉得中国人真的很能内部竞争，但这对于我们是好事，因为我最终17美元和A公司直接成交了。"

是啊，就同收到来自同一家供应商但不同业务员的邮件一样，这永远是一件让客户喜闻乐见的事情。遇到类似的情景，我有时候也会很乐意假装什么都不知道然后让双方都给报个价，更别说有些客户就是专门干这种事的，每次都将询盘发给同一家供应商的不同业务员以探寻价格底线，在利益的引导下也总有那么几个业务员会发一个低价过去。但反过来站在供应商的角度，这可就不是一件那么愉快的事情了，一来影响公司形象，二来损害公司利益，但这能怪谁？怪客户吗？在商言商，遇到这种事情的时候客户告诉你是好心，不告诉是你本分，万一要下了单之后才收到一个更低的价格，不骂你就不错了。那么是不是应该怪业务员？出来混就是讨口饭吃，今天我报价10美元，本来可以拿下客户，结果隔壁业务员报了 9 美元把订单抢过去了，那么明天我可以报 8 美元去抢别人的客户，反正公司也没意见，对吧？

我们再将业务员的角色放大，例如贸易公司。一个很有潜在实力的客户，在收到你的报价后说另一家公司给他报了同样的产品但价格更低，你一查，发现是一家持续有从你这里走货的贸易公司，你要如何处理？跟客户说再见让他跟贸易公司买好了，还是以更低的价格把客户抢过来？这样客户会不会质疑你初次报价时候的诚意？以后和这家贸易公司的关系又该如何维持？

还有，客户突然发邮件给你说他的竞争对手，突然打出了新的广告，产品看着就是来自你公司的，你该怎么做？停掉其中一方的供应，还是继续给双方供货让他们干架？或者，客户告诉你，他在市场上发现了和你非常类似但是价格更低的产品，质疑你一直在以非常高的价格供货给他；再或者，你准备在市场上推广自有品牌，短期内虽然和客户没有直接冲突但客户始终觉得这会是一个威胁，你又该如何对自有品牌和 OEM 品牌做平衡？

假如这一切都尚未发生，那么恭喜，你很幸运，但我们也应该提前开始做准备，因为市场冲突是我们迟早会遇到的问题，例如：

1. 细分市场

同一个区域尽量不要由多个业务员同时开拓。这样做的好处是非常明显的，除了避免冲突之外，还能实现深耕细作。对于一个市场，仅仅靠平时的邮件电话沟通，仅仅靠来自客户的只言片语和一年寥寥几次的参展和出差，没有至少几年积累的话，能够对市场有多少了解？市场有多大容量、多少客户、多少销售渠道、适合什么产品、什么价格水平、客户又有什么谈判风格，等等，都需要时间去消化和适应，但偏偏有些公司喜欢一旦见不到业务员在短期内出成绩就立马换市场换人。把同一个市场在较长一个时间段内置于同一个业务员的掌控下，就已经避免了绝大多数因内部问题而造成的市场冲突。同时，也要对跨区域开拓制订惩罚措施。有的公司有细分市场，也有所谓的客户登记制度，登记在册的客户不允许其他业务员接触，但精明的业务员往往会换个客户名字再次登记，或者号称客户是贸易公司，大批量订单往A市场，只有小批量订单去不属于自己的B市场，或者直接号称客户就是去A市场的但实际出货安排了去B市场。没有惩罚措施的话，治标不治本。

2. 慎重对待贸易型客户

这里的贸易型客户，主要指的是无明确出口国家，满世界交易的贸易公司，尤其是许多位于香港但成员多数为外国人的贸易公司。这类型公司的议价能力强，采购量大，但几乎毫无忠诚度可言。因为追求利润就是他们的格言，低廉价格就是他们选择供应商的唯一标准，他们每杀到一个市场都会给该市场带来蝗虫般的灾难。究竟是追求短期销量选择和他们合作，还是追求长期稳定选择和目标市场的本土客户合作？这是一个需要慎重考虑的问题。

3. 盯紧市场

不要过分追求高利润。随市场正常波动，该降的价格主动给客户降，避免客户哪天在市场上看到同质产品但价格低那么多而发飙。除非我们笃定我们的产品在市场上只此一家别人再怎么费尽心机也无法复制，否则客户可能因为某些原因例如刚刚进入市场或者太过信任卖家懒得比价之类，一开始以较高的价格下单但之后发现自己犯了错误，那关系也可能会从此中断了，但我们寻求的并不是一次性买卖。

4. 尽量错开互为竞争对手的客户

理论上来说，互为竞争对手的客户最好只选择其中一个，但有时候为了业绩而不得不两个都做的时候，从产品定位、外观设计、价格水平等方面一定要全方位错开。而对不为直接竞争对手的同一市场客户，同水平产品的价格也要尽量保持一致。因为在目前的大数据时代，我们很轻易就能看到海关包括价格在内的出口数据，这种情况对于客户来说也是一样的。谁在什么时候以什么价格进口了什么产品，信息全都透明得很。

假如市场冲突已经发生了的话，我们又该如何处理？我的建议只有一个：做选择。

假如客户同时收到我公司两个业务员的不同报价，或者客户投诉市场同质产品价格要低得多，是维持高价格还是采用低价格，取决于客户是否离得开我们。但多数情况下，我们的选择只能是采用低价格。

假如客户收到的报价中，从我这里走货的贸易公司报价更低，是降价直接和客户合作还是让贸易公司把这单给接了，取决于我是否在乎和贸易公司的关系，以及客户和贸易公司的长期采购实力对比。

假如我是互为竞争对手俩客户的共同供应商，客户不投诉那相安无事，但一旦其中一个客户投诉了，我的选择基本只剩下选谁来继续合作，否则我最终可能两个都不剩下，无论产品和价格是否真的错开了。因为卖家眼中的错开和买家眼中的错开往往并不一致，而且卖得便宜的 A 客户完全可以向市场宣传卖得贵的 B 客户产品和他都来自同一家工厂。

最后，假如你是故事中 A 公司的外销业务员，当你面对这种情况时，你会怎么处理呢？也是直接降价给客户吗？

第四节 DO A BETTER BUSINESS WITH CHINA

2014 年 6 月 18 日，我开始在 Linkedin 发布一个“DO A BETTER BUSINESS WITH CHINA”系列。这是和“采购眼中的外贸”完全相反的主题，但其中有一些我认为值得销售人员一看的东西，因此特意拿出来解析一下。

Do a better business with China.

My name is Daniel, I was a sales, and now I am a buyer.

Standing in two different positions is an interesting experience, we may get a totally different conclusion to one thing when we think in different ways——sales way and buyer way.

So I am trying to post a series of story, try to help you understand more about your suppliers, and then, do a better business with China.

Secret of business title

In China, people care the BUSINESS TITLE very much.

We can see the “CEO” in business card, while he may be the only one person in the company (SOHO).

A “General Manager” may only be in charge of one overseas country.

A “Sales Manager” may be a young guy just left school.

Sometimes people would feel happier to have a higher title even rather than having a higher salary, a cheap way to cheer up employees, isn't it?

But this would make us complicated, how can I make sure whether the person who is talking with me now has the power to make decision or not?

I always ask: "Can I talk with your manager?"

"I am the manager." Smart guys would answer me like this, no matter it's true or not, at least he is confident.

Any other answers would make me notice that if I have some critical and important issues, it's better to talk directly with his manager.

But in the other way, some people prefer lowing down their business title, especially in some small companies.

For example, Andy is the boss of the company, but his title is only Sales Director, what's the benefit of doing this?

(1) Can pretend to be a big company.

(2) If they have to do some bad things, for example increase the price, Andy would say "sorry that my boss insisted to do that, but I already tried to help you. He wanted me to increase 10%, and I struggle to increase only 5% now."

See, this is the biggest benefit. If there is anything they can not give you good answer, it's all because of the "boss", and you would still thank him because he is trying to "help" you.

有两点我认为值得一说：

(1) 你必须是一个能做决定的人，假如不是，表现得自己是。

作为客户，多数人喜欢和能够做决定的人直接沟通，否则我每提一个要求，你都得跑去申请一次，这生意还能谈？就好像我们在餐厅吃到苍蝇的时候，第一件事总是咆哮“把你的经理给我叫出来”，而且“能做决定”本身就意味着这个人专业程度会更高一些。

所以，当在某些事情上你和客户僵持了，客户说要见你们老板的时候，请淡定地告诉客户：我拥有老板的全权授权，这件事情我能做主。

（2）唱双簧是商务谈判的一个重要手段。

你不可能同时又唱白脸又唱黑脸。

唱黑脸的目的是为了给公司争取更多的利益。

唱白脸的目的是为了不让客户讨厌你。

有些公司采取了上司唱白脸，下属唱黑脸的做法，我个人认为这是不可取的。毕竟下属才是那个在将来和客户产生更多直接接触的人。假如客户开始讨厌这个下属，别的不说，他可能会更加倾向于直接和上司沟通。对于上司来说，这也是一件烦人的事情。所以正确的做法应该是反过来，让下属做那个唱白脸的人。

在某些时候，你也可以杜撰一个“黑脸”出来。例如我认识一个朋友，他就弄了俩邮箱，一个正常用，一个装作是他经理的，平时用普通邮箱交流，一旦有些不大好的事情需要告诉客户的时候，就开“经理”的邮箱发邮件给客户，最后再用自己的名义打圆场。如此，公司利益有了，客户也有台阶了，自己也和客户交好了。

Big supplier means good supplier

I worked in a Chinese Top 500 company before，it was the top 5 company in that industry.

At that time, I felt boring to receive mails/calls from small customers, especially trading companies. They were hard to have business and even finally they placed the order, it helped very little to my sales bonus. So I paid little attention to them, used to quote a high price and gave no service to them. Maybe they were unhappy, but who cares?

So when I became a buyer, I started to feel unhappy, since for some new products we prefer to buy from big suppliers in order to ensure the quality. Then I was suffering what I used to do to my small customers before, for example:

(1) The price was 10% higher than other suppliers.

(2) The delivery date was delayed and delayed without an acceptable reason.

(3) They didn't care the after - sales service, when the products are shipped, money is paid, business is over.

And the most important thing is: big suppliers are not always equal to good quality! Some suppliers grow because of their quality and service, but there are also many suppliers grow because of the cheap price (they are still higher than small suppliers but just sometimes you think as a big company they deserve a 1% ~3% difference) . I ever had one order from big supplier, after 6 months there were 25% failure and the supplier refused to take responsibility because they didn't care losing my future order.

So for now, when I am opening a new project, I used to do like this way:

(1) Talk with top 5 companies of the industry, their price may be

high, service may be bad, but it doesn't matter. Their knowledge about products and industry would help me a lot. And if it's possible, try to contact the new guys of the company, new guys are always easier to control.

(2) If the top 5 companies are with acceptable offer, I would pick up 1 or 2 as potential suppliers, and then put more attention on other smaller suppliers. In China there is a saying "be matched for marriage". I think it applies for business also: for some products I am a big buyer (for example Home Appliances and LED), then I have power to choose big suppliers, but for some products I just start the business, a smaller supplier would suit me better——at least they are more eager for my order.

(3) I care service more than others, because during the time of production and shipment and local sales in the markets, there are always a lot of problems or accidents may happen. A sales person with good service will save me a lot of headache.

So back to the topic, big suppliers means good suppliers? Not always, it depends on who is the customer also.

这是我在Linkedin上的第二篇文章，起因来自许多朋友问我：面对工厂/大公司的竞争，贸易公司/小公司现在还有前景吗？

我来简单举两个例子：

(1) 我有个供应商，一开始我就知道他是贸易公司，我甚至还知道他的利润是多少，但我依然还是下单给他了，为什么？因为他能提供工厂无法提供的特殊付款方式，而恰好灵活的付款方式是终端客户所看重的。

田忌赛马的故事我们都知道。对于多数贸易公司来说，既然无法在价格上形成优势，那么就应该在其他方面营造核心价值，例如服务，例如灵活性。请记得价格永远不是商务谈判的全部，而对于那些只看价格的客户，战略性放弃有时是最好的办法。

（2）我在做销售的时候，跟过 GE 的项目，项目约历时半年，每周都得和来自客户不同部门的人开会，各种开模，各种折腾，各种花钱如流水。最终收到客户 PO 的时候手都在发抖，想着即使没有 500 个货柜至少来 300 个也发财了。打开一看，2×40’HQ，价格还是亏的，最终无奈地承认项目失败。

大客户每个人都想要，但对于小公司来说，最好不要对大客户抱有什么幻想。且不说下单之前的准备工作会用掉你多少投入和资源，即使真的走运下了大单，能不能做得了？做得了又会挤掉多少其他客户的产能？万一出问题怎么办？其他客户都挤跑了，明年大客户却不下单了又该怎么办？别说什么今年亏钱先和客户做开，明年生意就更好谈之类的话。大客户往往比小客户更容易改变选择，因为他的选择多，随时都有一堆供应商绞尽脑汁想同他做生意。

做生意，我认为比婚嫁更要讲究“门当户对”。对于小公司来说，与其盲目地追逐大客户大订单，倒不如好好地扶持几个能够稳定发展的中小型客户，适合才是最重要的。

Which kind of sales person you prefer?

I think you ever heard so many times that your suppliers told you, “I would try my best". But frankly speaking, when saying this word, most people are with the purpose to end the conversation.

Why? Because people are taught with a lot of sales skills for example "Say NO to your clients in a soft way".

In China, many sales person like the sales skills very much, they think it's a good weapon to change the world, like:

(1) When something bad is going to happen, they would tell you a worse result, then you would feel better when it finally turns out to be "only" bad, you may even thank them for their "effort".

(2) Give a lot of promises before you confirm the order, no matter they can meet the promises or not.

(3) Most problems are because of someone else, or their supplier makes a mistake, or their workers are under strike.

(4) Never give a definite answer, always use the words like "maybe", "should", "around" etc.

I ever tried a lot of methods to avoid such situations, for example:

(1) Deep research for every new supplier, field visit before big deal.

(2) Every promise by phone must go with an official promise by mail also.

(3) Besides the PI, a contract is necessary.

(4) Never accept any uncertain answers, yes is yes, no is no.

But to be honest, this would lower the risk but would never remove it, in international business, even a contract is useless. I ever faced a very very serious situation: after customer placed the order, supplier (a very big one) said the price must be increased by 10%.

Make the delivery without price increasing? No way.

Return the deposit? No way.

Sue the supplier? Go ahead!

At that moment, you don't have time to look for another supplier. Your customer is asking for the products, besides negotiating a lower increasing, what else you can do?

After that, I became more and more carefully to new suppliers:

Cheapest price? No, I won't give them chance to increase price after order.

Big talk man? No, real action is better than talking a lot.

Un – professional sales person? No, I need a consultant but not a people who can only delivery message.

So back to the topic, when suppliers' ability is in the same level, the sales person would be a key factor, even the people who is honest but not smart is better a lot than smart but not honest.

我曾经以为外贸业务员其实和淘宝客服差不多，在一笔订单的成交中仅仅占寥寥几笔的作用。但在从事采购并接触了大量的供应商后，我发现对于绝大多数中小企业来说，业务员的影响力还是很大的。就算不能影响“客户向你采购”，至少能影响“客户不向你采购”。

盛威公司的王磊曾经讲过这么一个故事：他有一个客户，是位马来西亚的老华侨，实力虽然不小，但只下过一个货柜给他。为了拿到客户更多的订单，王磊也是绞尽了脑汁，也不知道从哪里闪现的灵感，他突然跑到电脑城买了一套央视版的《三国演义》给客户寄了过去，而且由于当时穷买的是盗版，才花了25块钱。但谁曾想对方收到后非常激动，当天就给他打了电话，说："哈哈，小王啊，你怎么知道我喜欢看三国啊！"同时把原本要下给韩国公司的5个柜下给了盛威公司，把他高兴坏了。后来才知道，原来老华侨年轻时候是走黑道拜关二爷的。

作为销售，很多人会将客户当成上帝，也有很多人把客户当成烦人的苍蝇。其实客户都是人，当我们面对客户的时候，不需要战战兢兢、卑躬屈膝，也不必因为自己是大厂而对方是小客户就显得高高在上。平等、诚实、交心，说话有理有据，你就会是客户最喜欢的那个供应商。

Factory or Trading Company?

More and more customers prefer to do business directly with factories, so more and more trading companies pretend to be a factory.

There are some small skills to make out whether they are really factories or not:

(1) If they don't have website in Chinese, big possibility to be trading companies.

(2) If they are selling too many kinds of products, big possibility to be trading companies.

(3) If their recruitment is always for sales only but never for engineers, productions etc, big possibility to be trading companies.

(4) If their address is showing room numbers, or they declare a HK office, or don't show the factory address, may be trading companies.

(5) If they are afraid of your factory visit, big possibility to be trading companies.

Some people don't like doing business with trading company because they think trading company would eat their margin. It's true, many trading companies are only doing jobs like pass the information from customer to factory, and then pass the information back, worry about they are known to be only a trading company, and worry about factory know the contact information of the customer...

But some are not, for example:

(1) They can offer more flexible solutions like credit, like smaller MOQ.

(2) They know more about the markets and customers and international business.

(3) They don't do the production by themselves but they have unique technology or design.

(4) Sometimes they can even offer a lower price than factory's direct offer.

So I don't mind doing business with trading company, in case the service they offer is valuable, especially when I just newly purchase a new product which I know nothing, or some un-finished products, or some small amount orders which won't affect anything even with some cost up.

But to be honest, sooner or later I would go directly to the factory. Right now more and more factories are playing better and better in international business, especially for some mature industries like home appliances, for example air conditioner, you can barely see a trading company now, why?

Because the margin is too small to support a trading company already. In the other hand, if your products fields are full of factories only, is that a signal you may need to consider a new product for future growing?

贸易公司究竟还有没有未来?

一方面要直面客户对于更低价格的诉求，另一方面又要面对工厂想撬你墙角的欲望，贸易公司在风雨飘摇中艰难前行。

有一点可以确认的是，曾经利用信息的不对称大发横财的纯粹“国际搬运工”，随着产业的进一步成熟和市场透明度的加大，是一定会渐渐退出历史舞台的。

这留给了我们一个急迫且重要的问题：究竟该怎样才能提高自己的核心价值，让客户和工厂都离不开自己?

从我个人这几年的采购生涯中，我有这么几点看法：

(1) 做低自己的利润率，加大客户的转换成本，让工厂无利可图。

(2) 做专，做深，增加自身对工厂的话语权，从而获取更多来自供应链的支持。

(3) 利用商业操作手段提高自身价值，例如给客户提供CREDIT。

(4) 掌握独特的技术或工艺，例如自主开模。

我是做空调出身的，但有意思的是，在我身边所有从空调工厂出来的人，没有一个人从事整机分体空调的贸易业务。要么是做商用空调/移动空调，要么是做空调配件，为什么?

在一个产业已经成熟到工厂为了增进业务而需要去努力挖掘客户的下线这个程度时，贸易公司就已经失去其生存空间了。

第五节　服务没有最好，只有更好

我曾经在朋友圈发过一张包含客户 LOGO 的照片，当时有人好心地提醒我："这样不怕被竞争对手知道吗?"我当时豪气万丈地回答："行业里都知道这个客户是我的合作伙伴，但没有一个能撬走的。"或许我有点过于自信了。但这是事实，在采购项目上，我们至今的客户流失率为零。归根到底，"服务好"作为核心价值之一，起到了不可忽视的作用。

那么问题来了：怎样才叫服务好?

伸手党们可以直接看结论：

（1）服务好不仅是笑脸迎客或者打不还手骂不还口。

（2）服务好体现在为了能让客户少做一件事情，我们宁可多做两件事情。

（3）服务好最终还得回归到"创造价值"的本质上来。

1. 你经常认为自己的优势是"价格低、质量高、服务好"

当我问供应商"你们有什么优势"的时候，对方总会信心满满昂首挺胸地回答："我们的价格低，质量高，服务好!"

"服务好？你确定没在开玩笑?"

请原谅我的出言不逊，但在我以往的采购生涯中，我接触过 300 多家供应商，深入沟通过的供应商有 100 多家，实际成交的约 30 家。大到中国 500 强，小到家庭作坊，没有任何一家供应商让我真正觉得对方服务好。

这个时候你肯定要争辩。但请淡定，服务好并不仅是笑脸迎客或者打不还手骂不还口，这顶多是“脾气好”或者“服务的初级阶段”。

不知道各位刚开始从事销售的时候，师傅有没有跟你提过两点：

（1）跟客户接触的时候，要保持一定的兴奋度。

举一个简单的例子：我曾经有个同事是公司的TOP SALES，她接电话的第一句永远是平稳的不带一丝情感波动的“你好”，但一旦发现电话的那头是客户（或领导）时，瞬间就会切换模式，要么变成充满活力的“嗨”，要么变成更加肃然的“你好”。同时语速和语调都会变化，这是一种心理学上的暗示，让对方觉得：第一，她很重视对方；第二，她会认真倾听。这就是兴奋度，这就是销售必备的基本服务技能，因为没有人愿意和一个死气沉沉的人沟通。而且不仅在面对面沟通、电话沟通中需要兴奋度，邮件沟通也需要。举个小例子：一封带有“Hi，Mr. ××”之后再说正事的邮件，和一封不带称呼直接说事儿的邮件，给人的感觉是截然不同的。不是耸人听闻，曾经就有人因为客户给她发的邮件没带称呼，就惊慌地问我客户是不是对她有意见了。

（2）24小时回复原则。

能够回答的问题，24小时之内一定要回答；不能够回答的问题，24小时之内也必须回复邮件并承诺能够给予客户确切回答的时间。老实说我个人认为24小时还是太长了，8小时之内最好。设身处地地想一下吧，你给某人发了一封邮件，某人却连个回音都没有，你会不会怀疑对方没收到邮件？或者对方不重视你不想回答？或者对方是不是已经不在人世了？（不是开玩笑，我见过客户在连发三封邮件但供应商都没回复之后，愤怒地发出了第四封“ARE YOU STILL ALIVE”）不管客户发什么给我，即使是不需要回复的，我都至少会回复一个“OK”，表示我收到邮件了，这是一种重视对方的表现。

2. PDF 与 Excel

大家给客户发报价表的时候用的是 PDF 格式还是 EXCEL 格式？用 PDF 还是 EXCEL 都可以，但大家需要注意的是：客户拿到报价表之后他的下一步动作会是什么？

曾经有一个供应商给我发报价，72 个单项产品用的是 PDF 格式（还是不能转化成 EECEL 或者 WORD 的格式），我当时就挂电话骂了对方一顿（当然前提是双方都已经非常熟悉了，而且我之前不止一次邮件跟他说过这种情况）。我说："客户怎么能仅用眼睛就可以辨别你的价格是好是坏，难道要客户自己把 72 个产品一个接一个重新输入一遍？用 PDF 效果的确美观又正式，你有考虑过客户的感受吗？"

我一直强调在做每一件事情的时候，我们一定要尝试去站在客户的角度看待这个问题。为了能够让客户少做一件事情，我们宁可多做两件事情。借用互联网领域的一句话，这就是所谓的"用户体验"。例如几年前，我甚至都不发". xlsx"格式的文件给客户而是自己转化成. xls 再发，因为我担心客户用的还是老版的 office；例如我不会单纯告诉客户货好了该付尾款了，而是将应付款金额、应付款账户一并显示在邮件中，让客户不用去翻查资料。

分享一份表格，表 1－2 是一份订单周报，每周固定发给客户让他知道目前的订单情况，以及下一步他需要做什么（例如该付款等）。理论上客户不需要思考什么疑难问题，也不用主动发邮件来问订单情况，所有的进度他都了然于胸，他只需要下单然后坐等收货。这就是服务好的一种体现。

表 1 - 2

Weekly Order Status Report													
Customer:					Date:								
SUPPLER	BATCH NO.	DELIVERY TO.	ORDER NO.	FACTORY MOOEL	CUSTOMER MOOEL	QTY	CONTANER QTY.	ORDER CONFIRMATION DATE	REQURE DEIVERY DATE	ESTMATERD DELVERY DATE	ETD	ETA	CURRENT STATUS

3. 所谓服务好不只是嘘寒问暖

我有个供应商，跟我认识三年了，逢年过节电话短信嘘寒问暖，服务是挺到位了，但无奈他的产品质量太差，所以一直都没有合作的机会。在产品价值相同的前提下，服务好确实会使产品脱颖而出，但在商业领域终究还是得回到“创造价值”的本质上去。经常有人问我，作为一个贸易公司，但客户经常抛开他们直接跟工厂采购，应该怎么办？这个问题归根结底在于贸易公司没有建立起属于自己的核心竞争力。在当前这个时代，纯粹靠信息不对称赚钱，靠国际搬运糊口的生意方式已经越来越找不到生存空间了。像我刚刚创业的时候，靠的是客户的信任和自认为好的服务得以苟延残喘，但“信任”两字不能依赖一辈子，我终究还得找准自己的位置以及努力给客户创造更多的价值。直至今日，我们小到名片制作（确实有客户看到我们的名片很喜欢，我们从设计到印刷一手包办然后寄给客户）、纸箱等包装物料设计（有几个客户的包装物料设计是我们一手包办的，这也是为什么我们新员工需要学 PS 和 AI），大到给客户提供融资，我们都在做，至于提供专业的采购服务更是基础中的基础，一点一点地挖掘我们能够给客户提供的价值。现在对于客户来说，我们几乎就是他们内置的采购部门，他们已经到了完全不用考虑中国这边情况的地步，请问在此情况下，客户离得开我们吗？

最后，分享一张截图，见图1－1，这是在秋交会之后，我们提供给客户的报告，内容包含了产品分析、行业和市场分析、主流供应商分析、潜在供应商列表等。凭借这些报告，客户可以很轻易地了解他是否值得开展这些项目，以及该如何去开展。这就是我们的价值。

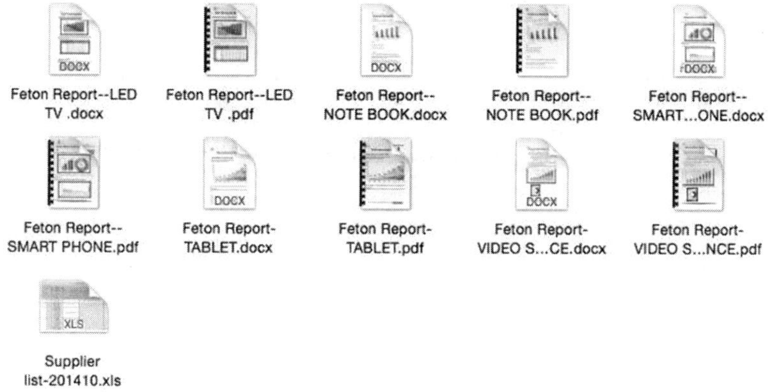

图1－1

各位读者，当你抱怨没有客户，没有订单，或者客户忠诚度不够的时候，请先自我检讨一下，你做的工作够多了吗？够好了吗？够专业了吗？对于许多供应商来说，所谓的服务好，只是一句玩笑话而已。

第六节 灾难之时，客户不缺你一声问候

2015年11月13日晚，法国巴黎市发生了一系列恐怖事件。就在全球人民表示哀悼的时候，一条微博刷到了我的眼前，让我瞬间冒出了止不住的怒火，具体内容见图1－2。

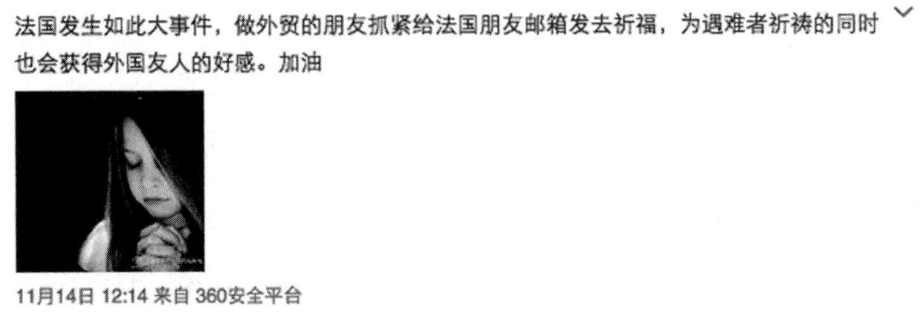

图 1－2

假如我就是你的法国“朋友”：

第一，你发这封邮件并不是关心或担心我在这场恐袭中好还是不好，而是为了给遇难者“祈福”，但说实话，你真的会祈福吗？

第二，就算你真的会为遇难者祈福，为什么要特意告诉我？难道你的目的不是真的祈福，而纯粹只是想要我的“好感”吗？

对不起，这样的问候，我不需要！

作为一名从业多年的采购，春节、端午节、国庆节、圣诞节的时候总会收到潜在供应商们的祝福邮件，甚至有时候还会收到“祝你清明节快乐”等让人哭笑不得的话，这些都可以理解。我很清楚作为一名渴望订单的销售业务员，是必须时不时地刷存在感的。然而，在大灾大难面前，我一不是你的朋友，二不是你的客户，你发这么一封邮件过来，假惺惺地说“假如你需要什么帮助的话，请告诉我”之类的话，到底是想干什么？

“Yes I need your help，a 30% discount would be great appreciated.”

假如我给你回这么一句，你能做到吗？

你做不到！

因为你的本意就不是真的要帮我什么忙，因为你想的本来就不是对我表示关心，你想的还是借这个事件给自己一个靠近我的理由和借口。你想的本来就是“我为你祈祷，不用表示感谢，随便给我几个货柜的订单就好了”，这样你和路边的祈福党有什么区别？

就好像我曾经在微博看到的一句话：你在“祈福”的时候，敢不敢不把贵司的网址和网页一并放上来？

在看到海报之后，我一开始担心冤枉了对方，消息中其实隐藏着“来自法国的订单价格减半”之类的话语，还特意上了一下对方的网站。结果和其他海报不同，这张海报是点不动的，是完全没有任何超链接的，是程序员在周末收到公司指示后加班临时做出来的。

这难道不是趁着灾难话题给自己制造曝光率吗？

还有我在朋友圈看到的话，同样如此功利，见图1－3。

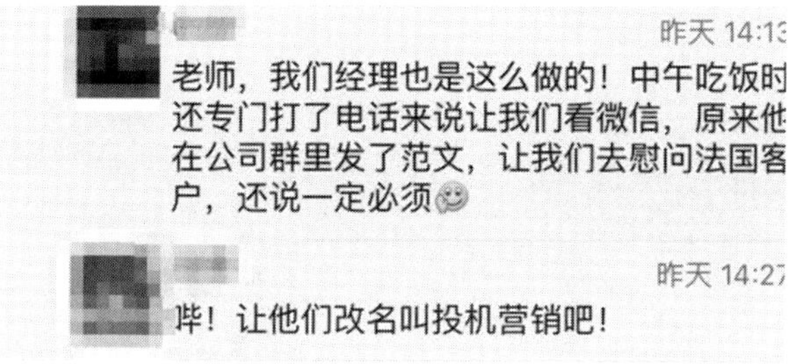

图1－3

任何祝福和关心都必须源自诚挚的内心，不容践踏。即使是为了生意或赚钱，人性的东西也必须放在首位。客户今天收到一封邮件，是一个卖剃须刀的表示关心，明天收到一个卖电烤箱的表示关心，但行文走字完全一模一样，对方会作何感想？这种一眼就能看穿的小心思，招来的绝对不会是好感。一个不想要订单的销售不是好业务员，这点我举双手赞成，然而一定要注意方式方法。在灾难面前，你需要做的，就是真诚地给那些你认为是朋友且对方也认为你是朋友的客户，送去一份发自内心的问候。至于其他的，在你的社交媒体上点亮一根蜡烛，就已经足够了。

世上并非只有商业和赚钱，人与人之间有着远比订单更重要的东西。在灾难时刻，让我们远离喧嚣，为死者哀悼，为生者祈祷。假如你做不到，那静默会是最好的选择。

第二章　外贸总监的管理视角

第一节　新任外贸总监应该做什么？

新任一个岗位，尤其是销售总监这样重要的职位，千头万绪一时不知从何做起，这很正常，聪明的做法是暂时什么都不要做，先厘清目前公司内部的现状。

（1）销售情况。明确当前的总体销售业绩属于开拓期、发展期、稳定期还是下滑期；客户的主要来源是哪些市场，该市场是否具备可持续发展的潜力；不同客户对于业绩、利润、现金流各自的贡献比例如何；未来一年现有客户的预计订单情况如何；销售业绩主要来自哪些产品型号，当前的产品是否足够支撑起预期销售，是否需要开发新产品，等等。

（2）人事情况。明确目前的团队是否足够应付未来的发展，有无明星销售、害群之马，有无不服从的下属，有无裁员或新招聘的需要，有无岗位调整的需要，等等。

（3）历史遗留问题。上一任总监辞职的原因是什么，有无历史遗留问题，如果有的话，是否有办法解决。

（4）老板的期望。老板对新任总监的期望是进取还是稳定，是救火还是改革，是否已经授权让你放手去干。

厘清了这些之后，我们再来明确外贸总监究竟是干什么的。

在中小型企业，外贸总监可以说一人之下万人之上。这时候的角色定位已经不再是运动员而是教练，再像从前一样厮杀在一线已不可取。外贸总监的基本工作如下：

（1）销售目标的确认。

（2）销售战略和策略的制订。

（3）外贸团队的培训、带领和管理。

（4）分配方案、奖惩方案的制订。

（5）担任老板和下属的沟通桥梁，担任外贸团队和兄弟部门的协调工具。

销售目标的确认

（1）销售目标的确认必须基于现实情况，不可盲目屈从老板。假如过往三年的业绩分别是500万元、800万元、1 200万元，你基本可以确认接下来撑死做2 000万元。假如老板跟你说要做4 000万元，要勇敢地说“不”，即使上一任总监就是因为老板要求4 000万元而离职也是如此。

（2）销售目标必须和分配方案挂钩。一个只存在于口头上的目标，没有任何的意义。

(3) 销售目标必须细分，但又不能太细分。你可以把目标分解到每个月，但分解到每星期每一天就没有必要了，毕竟不是每天都有客户下单。

销售战略和策略的制订

要实现这个销售目标，就要思考未来我们应该怎样做，例如：

(1) 抓大放小还是抓小放大？重点跟进大客户还是大小客户通杀？销售目标有多少必须靠新客户来实现？是追求利润还是追求数量？这些都将是未来工作的主基调。这个主基调，在确认之后最好不要轻易改变，否则会让员工难以适从。

(2) 不同市场、不同客户应该区别对待。假设市场为欧洲，这是一个已经做烂的市场，同行们都在杀低价，但能给公司带来可观的订单数量，那么在这个市场上强求利润就是不现实的事情。而应该把利润追求放在其他市场上，并在所有市场实现量、利的平衡。假设 A 客户的订单有数量又有利润，客户本身又忠诚，那这个客户就应该重点扶持，在货期、质量、技术和服务上给予最大的支持；而 B 客户仅看重低价，这样的客户就算你服务再好也不会让对方产生一丝感动，那么你只要维持价格上的竞争力就足够了。

(3) 产品和目标市场、目标客户的定位要明确。假如你公司最有力的武器就是价格，那么就朝着价格屠夫这条道路坚定地走下去；假如你公司看重的是服务，那么就要立志成为外贸业的“海底捞”；假如你公司最强大的是质量，那么宁愿免费送样让客户体验高质量也不要把自己的价格做贱了。这个世界上没有哪家公司是质量又高，设计又好，服务超群还价格便宜的，也没有任何一家公司能够通吃所有的市场，所有的客户。

外贸团队的培训、带领和管理

我听过不少故事，说的都是公司没有培训，内部恶性竞争，甚至还有经理抢业务员客户之类的情况，这些都是必须杜绝的。

1. 人再少，也必须划分市场

如果你的团队只有 2 ~ 3 个人，那么宁可以大洲来划分市场，也不宜每个人都是全球开拓。一来不会产生利益冲突，二来市场本来就需要深耕细作，三来从长远看，人类都是趋利避害的生物。没有市场划分的话，所有人都会蜂拥去开发容易出单的市场。那么一旦这个市场发生问题，而你又只有这个市场有订单的话，那伤害将是致命的。

2. 岗位设置要明确

从上到下，总监、经理、主管、业务员，每个人该干什么不该干什么，都必须有明确的划分，相互之间需要的是协作关系而不是恶性竞争。例如经理主要跟进核心客户，并带领主管进步；主管主要跟进二三线客户，并培训业务员；业务员或者协助跟进上司的订单，或者在上司指导下开拓市场。而作为总监，即使业务员做错了事，你也不能把他叫进办公室里训斥，你该训斥的是经理或者主管。

3. 要建立完善的培训机制

我见过太多的外贸业务员，客户说一句“your price is high”就手足无措了，且不说报价表做得一塌糊涂，连邮件都写得乱七八糟。借用一位网友说的话："很多外贸业务员都是从学校学商务英语毕业的。学校里很多教师都从来没有做过生意，没经过商，教出来的学生严重缺乏业务知识。公司和工厂都太注重个人的英语等级，而忽略了业务素质。很多外贸新手业务员根本不懂得销售。"我想说，不止新手业务员，连一些工作了好多年的老业务员，都根本不懂得做销售，甚至连诚信这一最基本的素质都不具备。所以，逐步建立完善的培训机制，推广互利分享的内部沟通交流体系，是一项需要公司长期努力的工作。

4. 分配方案、奖惩方案的制订

利益驱动是非常有利的武器，假如你规定订单高利润有高提成，业务员们自然不会轻易做低价格；假如你规定跨区域开拓客户无提成，业务们自然不会蹿到其他市场；假如你规定属下开出的客户上司一样有提成，上司们自然会用心去教导下属，等等。

（1）要公平，更要公正。多劳多得，不劳不得，不能有吃大锅饭的情况出现。

（2）三个人，干五个人的活，拿四个人的工资，老板开心，员工也高兴。

（3）分配方案需要跟销售目标、利润、库存、超期款等所有需要考核的指标挂钩。

（4）正激励比负激励更值得考虑。例如出货前 T/T 奖励多少，没库存没超期款奖励多少，高利润奖励多少，超目标完成奖励多少……好过有超期款就扣钱，利润不达标就不给提成，目标没完成就扣钱等。

（5）扣罚要适度。例如迟到扣钱，如果扣 10 块，员工就敢一下子300块甩你桌面说“包月了”；你要扣500块，没人信你会真扣得下手，连你自己都不会信，哪天你自己迟到的话也会觉得心疼；如果你扣50元、100元，然后说扣下来的钱请大家吃饭，这就算适度了。

5. 总监是桥梁，也是润滑剂

（1）老板的意志，总监负责往下传递；员工的心声，总监负责往上传达。但有时候必须适当地过滤，例如老板的压力，你就不能100%往下转移，自己总得吸收一部分。因为你是总监，其他人的抗压能力和你没法比。

（2）订单不仅发生在销售部门，和其他兄弟部门，例如技术、生产、财务、物流等部门的沟通协调，很多时候是需要总监出面的。一个主管和财务经理说半天，可能还顶不上总监一个电话。诸如此类很多工作都不能省，创造一个良好的工作环境，减少内耗，是一位销售总监的本职工作。

第二节　收获300赞的转正申请

对于管理者而言，需要懂得把对的人放在对的位置，也就是我们说的匹配。

公司新来的小姑娘试用期满，发了转正申请，我看了后略感惊讶，能够如此用心地来做一份转正申请的话，转正自然毫无问题，随手发到朋友圈，一如所料，好评如潮。

转正申请如图2-1。

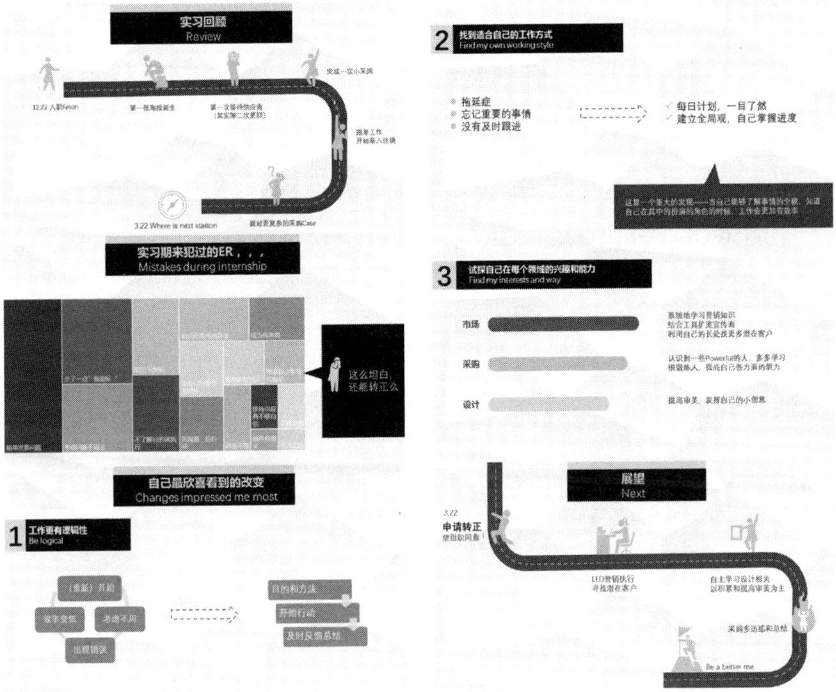

图 2－1

在看完图之后，有一些话我觉得有必要谈谈。

这是一个差异化的时代

这是我参加完外贸基友团深圳春季沙龙之后一个特别深的感受。

每个人的脸上都似乎透露着一种迷茫或者无声的呐喊：烂大街的产品，究竟该怎么卖？

我相信这一份转正申请，一定能够给你某种程度上的触动。

举个简单的例子：假如我把这份 PPT 上的图片撤掉，只把剩下的文字发出来，还会有这么多人关注吗？

肯定不会。

但纯文字和PPT，本质上难道不是一样的，只是呈现方式不一样吗？

是的，没错，呈现方式的不同可以决定命运的不同。

即使是一模一样的产品，拍照方式的不同，描述方式的不同，包装方式的不同，附加服务的不同，销售技巧的不同，都会产生截然不同的结果。

毫不夸张地说，差异化营销已经成为现在绝大多数中小企业唯一可能的突破口。

不管什么工作，最重要的是其内在逻辑

我在很多地方都说过，不管我做什么事情，都会有个一分为三的方法逻辑：

（1）我做这件事的目的是什么？

（2）我手上有哪些可调用的资源？

（3）我可以通过什么方式来做？

这三点帮助我决策了许许多多“该不该做”以及“怎么做”的事情，而不至于在无谓的蹉跎中浪费时间。

然而我也发现，没有受过训练的普通人实际上很难在日常工作中保持缜密的逻辑思考。

消灭拖延癌

调查显示，在活动报名中，往往截止时间快要到来的时候，报名

人数是最多的。

在工作中也是如此。

如果工作很难，有人会说："啊，这工作好难，我放到明天再做好了。"

如果工作简单，有人会说："哈，这么简单的工作，过几天我再干都来得及，so easy。"

这样到了汇报工作的时候，结果自然不言而喻。

拖延癌是一种天生的疾病，很难根治，我们能够做的，就是让它不要发作得那么厉害罢了。可通过以下方式抑制拖延癌：

（1）把所有工作的 deadline 做一个内置提前。

（2）每周/天做工作计划，当日事当日毕。

（3）借用外力的辅助，例如协同任务工具。

适合自己的，就是最好的

所谓人才，就是放到了合适岗位上的合适的人。

因此新员工入职，基本都会在一个大方向内尝试不同类型的工作，例如转正报告里这位小姑娘提到的：采购、市场、设计。

举个简单的例子，我不知道大家公司里面的"销售"做的是什么样的工作，在我们公司，销售其实细分为三个点。

（1）售前：拿到客户联系方式，和陌生客户开始接触，让客户对我们产生初步的了解，下样品单，我称之为从 0 到 1。

（2）售中：在客户有了初步了解之后，进一步扩大我们的优势与卖点，促使客户下大货订单，我称之为从 1 到 10。

（3）售后：维护客情关系，依靠专业和服务提升客户黏度，让客户一黏到我们身上就再也跑不掉，我称之为从 10 到 100。

我们必须意识到的是，每个人的性格、能力、阅历和志向都不同，并不是每个人都适合干从 0 到 1 的市场开拓工作，例如我这种有社交恐惧症的就干不了从 0 到 1。然而我相信绝大多数公司在招聘销售的时候，都是一刀切地让他们干从 0 到 1 的工作，对吗？像我这样还算比较幸运的，熬过去了从此平步青云，熬不过去的自然万劫不复。然而这批万劫不复的人，很可能只是放错了位置而已。

所以不管你是团队管理者还是个人，请一定要记得：匹配就是最佳的美好。

总而言之，祝贺我团队的小伙伴顺利转正，希望你的未来在我们大家的陪伴下，能够越来越好。

第三章　冷眼看创业

第一节　我从创业里总结出来的那些事儿

我的第一次创业失败

我是在外贸总监这个岗位上离职创业的。但多数人不知道这已经是我的第二次创业了，第一次是在2006年的时候。

1. 订餐麻烦引发的创业思路

当时我在广州天河一座写字楼里上班，每天中午吃饭都是一个很麻烦的问题，原因如下：

（1）打电话叫外卖的程序很烦琐，每次都需要说送餐地址。

（2）每打一个电话只能叫一个餐馆的外卖，但众口难调，不同人有不同的口味。

因此我联想到，在互联网如此发达的年代，是否可以把网络和订餐结合起来？

2. 我想到的商业模式

我是个一有新想法就坐不住的人，当即上网搜索是否有相关的东西，当时能搜到的主要有两种商业模式：

（1）有一家没有实体店的餐馆，采用MSN订餐的模式。

（2）有一个网络平台提供网络订餐服务，但送餐之类的工作，依然由各餐馆自行负责。

当时我觉得这两种模式都有无法弥补的缺陷，自认为我的商业模式必定能掀起一场餐饮业的风暴。因此说干就干，我立马从公司辞职，招呼上我的同伴，卷起袖子准备大干一场。

准备工作如下：

（1）我们不想只是做平台，因此初步打算是选择广州体育中心附近好吃的几家餐馆作为供应商，一开始的订餐只在这几家餐馆选。在几乎吃遍了附近所有的餐馆，并确定了潜在供应商之后，我们以“我们是大公司的行政部人员，想在你这里统一订午餐”为理由，让对方给折扣。

（2）制作网站。由于我同伴有一定的技术功底，所以这个由他负责。

（3）招募送餐员。一开始我们复印了一堆传单，准备去马路上贴，某一个晚上在大街上逛了一大圈，最终没能舍得下这个脸面，也实在不忍心给美丽的广州制造疮疤，一张都没贴成。最后在一个类似58同城的网站上招了几个愿意做兼职的学生。而我们为了确保送餐员的热情和忠诚度，开出了比市场价高50%的价格。

(4) 制作宣传单，制作餐单。餐单上有不同餐馆的不同选择，在上班高峰期的时候，在目标写字楼区域派发。

3. 梦想与现实

之后就是正式营业了，我们的设想是非常美好的：

(1) 客户在网络上订餐，或者考虑到用户习惯，电话也可以订餐。不需要报菜名，只需要报编码就行。

(2) 我们在收集了订单后，统一下单给餐馆。由餐馆送到我们的指定位置或者我们自己去取餐，之后我们再进行分派。

但正当我沉浸在“我即将成为餐饮界冉冉升起的新星，升任 CEO 迎娶白富美指日可待”的幻想中时，问题开始接踵而来：

(1) 客户没有可能按照我们的要求在早上 11 点前订餐。从客户下单到分派，中间我们存在烦琐的流程，让我们的送餐速度彻底向龟速靠拢，延迟送餐的现象非常普遍。有一次为了致歉，我们还特意给一家公司送去了水果篮，对此那家公司感到十分意外，并彻底成为我们的忠实客户，但毕竟这是极少数的情况。

(2) 有些餐馆提供折扣的前提是我们必须有一定的订餐数量，例如 20 个以上。为了这部分折扣，即使客户最终的订餐数量无法满足，我们也咬牙以 MOQ 来下单，结局就是我们连吃了一个月这几家餐馆剩下来的盒饭当晚餐，甚至有时候不得不忍痛当垃圾倒掉。

(3) 餐馆能提供的折扣非常有限，大部分在 1 ~ 2 元/个，甚至有些连折扣都不提供。因此我们的利润非常有限，每天至少卖 100 个才能回本。但以我们的人力计算，即使我俩亲身上阵送外卖，100 个也已经属于送餐的极限了。而为了确保利润，我们在后期甚至悄悄提高了售价。当时我消费任何东西都是以盒饭来衡量其价值的。例如买一瓶水我就得卖三个盒饭才能赚回来，想想还是忍着算了。

（4）资金开始不够用了。作为一个刚毕业没几年的穷孩子，我们每人只能拿出几万元投到这个所谓的生意上。而随着业务的滚动和持续的亏损，现金流出现越来越大的压力。

（5）尽管我们多番隐瞒，但最终我做的这件事情还是让双方父母知道了。父母对于堂堂本科毕业生去送外卖感到十分生气和万般不理解。在家庭压力下，我的同伴开始退缩了，之后我也选择了退缩。

从开始筹备到结束，仅仅 3 个月时间。在一次破罐子破摔，任性地大吃大喝，也不再计较这一次吃喝要卖多少盒饭才能赚回来的公司全体股东会议上，我们的这次创业宣告失败。

4. 思考与总结

之后我思考了很多，为什么我会失败，总结了如下几点：

（1）再美好的想法，执行起来也会遇到各种各样的问题。在创业之前，我并没有针对这些可能出现的问题提前做好准备。

（2）我没有在自己熟悉或擅长的领域进行创业。关于餐饮，我除了会吃之外什么都不懂，也完全没有这方面可以利用的资源。只因为一个看上去很美好的想法就盲目进入了一个完全不懂的领域，失败从一开始就已经注定了。

（3）无法触及用户的核心利益，无法提升用户体验，以及无法创造用户所需要的价值。

（4）无法形成可行的盈利模式，毛利率太低。销量上不去我们没钱赚，但要上销量我们又得增加人力成本，而这增加的人力成本又是否可以被新拉动的销量给化解掉？

（5）对资金的投入盲目乐观。在自己吃饭尚且有困难的时候妄图通过一次创业翻身，太过于破釜沉舟。

（6）人力成本过高，比市场价高 50%，这不是一个创业者应该干的事。

（7）家庭的支持很重要，至少选择一个不会让家庭反对的创业项目。

在之后选择创业项目的时候，我都时刻谨记着以上 7 点。当别人问我对于创业的看法时，我的回答一般就是：

（1）好的想法并不是最关键的，在这个世界上每一分每一秒都有一个和你一样甚至比你更好的想法出现，关键是想法是否能被执行下去。

（2）在一个自己熟悉或者能够把握的领域创业。

（3）要么掌握上游，要么掌握下游，要么自身有过硬的能力，三者至少有其一。

99%的创业者死在迈出这一步之前

离开职场已经四年有余，之前从来不敢说我在创业。在我的脑海里，“创业者”这么一个“高大上”的头衔，哪里是我这小人物能够配得上的？开口互联网，闭口高大上，两年规划是融资上市，三年目标是美国买房，这才是创业者嘛！而我既没有投资巨款，也没有跻身互联网，24K 纯“草根”一名，在传统行业里跌跌撞撞。所以当别人称呼我“李老板”的时候，我的第一反应都是“哪里哪里”，甚至直到今天我名片上的头衔都还只是“副总经理”。

但后来我慢慢想通了。

在天桥底下挂“祖传贴膜”的招牌是创业；

在小区门口开个“8 - TWELVE”是创业；

在微博、微信上做香港代购是创业；

我堂堂国际搬运工为什么不能是创业？

恰逢最近有个兄弟想创业，整天来我办公室，点上一根烟之后就开始跟我长篇大论地说他的创业计划，我在一次次无情地打压他之后，突然萌生了写创业文章的想法。

1. 现实和梦想的差距，就如同猪与你的距离

一年前的某天，我有一兄弟（没错，就是最近整天钻我办公室的那家伙）在招呼我们去他家吃了一顿香喷喷的红烧肉之后，大声宣布“人生苦短，我们需要做些什么了”。我们当即鼓掌赞成，并纷纷表示他现在从事的职业就非常适合创业。但他说不，说他从事这项工作已经十年了，深感厌恶。

半年前，他决定成为饮料大亨，用百度推广卖菊花茶，连商标都注册好了，结果在厚道的 OEM 工厂老板拍了拍他肩膀说“小伙子像你这样的我每年都要见不少，可惜经常半年后就见不着了”之后，项目流产。

上上个月，他觉得去内陆城市卖海鲜肯定有前途，正准备驱车去考察海鲜产地的时候，被我死死拉住了方向盘。

上个月，他觉得目前耳机市场混乱，缺乏一个告诉消费者什么叫“动圈”，什么叫“降噪”的专业耳机，拉着我开了几场头脑风暴的会议，最终我又投了否决票。

做菊花茶，仅仅是因为他老婆家乡盛产雏菊。假如这样就能成事的话，想必我一早就已经成为牛肉丸大王和茶叶大王了。

做海鲜，仅仅是因为他回了一趟内地老家后，觉得内地的海鲜实在太贵了，把内陆和沿海的海鲜售价一比较，顿时两眼发光，觉得发家致富指日可待。可是他连海鲜是否新鲜都不懂得如何分辨，能干成买卖吗？

做耳机，仅仅是因为他自己就是一个狂热的耳机发烧友。

大家不要觉得我这个兄弟不靠谱，其实他犯的是多数初级创业者经常出现的毛病：

（1）错把身边的需求当成市场的需求。

（2）错把喜欢的东西当成创业的方向。

（3）错把太多梦想托付到创业的身上。

第一条和第二条很容易理解，咱们就说说第三条。

曾经有一个小朋友问我“做生意”和“创业”有什么不同，我记得当初我是这么回答的：“做生意主要为了创造利润，而创业更多的是体现自我价值，创造社会价值且同时带来利润。”之后我洋洋得意地沉浸在小朋友闪闪发光的崇拜眼神中，但这句话里面我犯了一个错误（或者说我有意隐瞒了这一点），那就是创业是有阶段性的，而不同阶段的追求必须是不同的。例如对于多数初级创业者来说，什么梦想，什么未来，什么为全人类的福利而奋斗，统统都是废话。这个阶段只有三个字必须牢牢地死记在心中，那就是“活下去”。而为了这个目标，委屈得受（不要以为创业当老板了就可以自由做自己想做的事，就能翻身当家做主了），擦边球也得打（当然违法犯罪的事情不能干），直到我们迈入下一个创业阶段为止。

现实和梦想的差距，就如同猪与你的距离。而猪想成为人类不是说不行，但总得挨一刀然后再投个好胎才成。对于创业，我们先别谈太多梦想，先学会跟现实妥协，再蛰伏慢慢地发展壮大，直到有一天你能扼住现实的喉咙并凌驾其上，就能轻易实现梦想了。

听完我说的话，兄弟若有所思，说："我想我明白了，我得先把那些不切实际的想法都给抛了，然后做我擅长以及能够把握住的事情，不管我有多厌恶都好，活下去赚到钱之后，我就能去追求自己喜欢做的事情了。"

我甚是欣慰，一年时间过去，他终于想通了。

2. 决定创业的那一瞬间

在我决定创业，并把辞呈递上去之前，其实考虑了很多东西。

那年我 29 岁，有车有房，在大公司担任一个不大不小的中层白骨精职位（白领、骨干、精英），有着一份还算凑合的收入。再给老板卖几年命的话，很有可能升为产品条线的"揸 fit 人"。那么问题来了：走还是不走？假如走，继续打工是不现实的了。遇到好老板的概率几乎为零，换公司还不如接着继续干下去。如果选择创业呢？若干年前的那次失败创业给我留下了浓重的阴影，在手头没有足够的钱供我挥霍之前，我轻易不敢触碰不熟悉的领域，要创业也只能从我最熟悉的外贸领域着手。那么，在外贸领域可以怎样创业？

当时考虑了这么几条路：

（1）有朋友选择了自主开模后外包给别人生产的模式，当时还跟银行贷款用于初期公司运营，我对此十分不理解。

（2）有朋友选择了直接入股没有外贸团队的工厂名下，负责海外市场的销售。

（3）有朋友选择挂靠在虽然有外贸团队但做得不是太好的工厂，

采用佣金模式，属于自由职业者。

（4）有朋友选择和国外客户合作开模，然后负责该产品在客户所在区域之外市场的销售。

这些朋友都是我以前的同事，他们所走的这些路有一个很明显的共同点，就是和以前一直从事的产品“分体空调”没有任何关系，因为这个产品市场实在太成熟也太饱和了，几乎不留半点空间给纯粹的国际搬运工，而这一点恰恰是我最犹豫的地方，因为：

（1）从事空调领域这么多年，我已算半个销售工程师，一下子抛开的话，觉得舍不得。

（2）我当时实在看不到有其他更好的产品可供选择。

（3）我的钱不多，没有办法做开模或者入股等大投资，跟银行贷款我又不敢。

思来想去，最快捷便利的做法就是找一个客户，通过其当买手。我当时也学人家做了一个 SWOT 分析。

优势：我算一个外贸和行业的人才，自信和客户的关系不错。

劣势：没多少启动资金，一年没收入就得去讨饭。

机遇：行业面临洗牌，客户有更换供应商的刚性需求。

威胁：买手缺乏核心竞争力，一个操作不当很容易就会被人给甩了。

做完分析后，我看着似乎还可以，于是说做就做，迅速拟好辞职报告递交领导审批，在那一刻我有种如释重负的感觉，做人最怕的，就是在犹豫中徘徊。

我想告诉大家的是，创业其实没必要想那么复杂，我当初辞职，也并没有上述的深思熟虑，而仅仅出于一时冲动。曾经有一个朋友想创业，跟我分析了许多他的优势和劣势，他能干和不能干的工作，他的远景和未来，他的预计投入和产出，我一度以为创业路上又要多个伴了。但当几个月后我满怀期盼地问他“最近怎么样啦”的时候，他淡淡地回了一句，“其实我现在还挺好，这份工作也不错”，让我一时竟无言以对。

因此，想好该想的，做好该做的准备，之后就毅然决然地做吧，这才是创业路上最关键的一步。然而却有99%的人，一路蹉跎、思前想后，最终随着年纪渐长，创业的机会成本越来越高，最终停留在了迈开第一步之前。

我的第一步已经迈开了，你呢？

浅谈普通人的创业

1. 对于绝大多数普通人来说，创业并不是一项多伟大的事业

在这个信息大爆炸的时代，我们听了太多关于马化腾、马云或者李彦宏的传奇故事，内心或多或少都期盼着某天自己也能成为传奇故事的主角。但实际上对于绝大多数人来说，开一家贸易公司是创业，开一个淘宝店是创业，在家SOHO是创业，开一间小卖部也是创业。

2. 创业并不是看谁有多新颖的思路、多创意的想法，创业看的是你有多少可利用的资源

当你每天晚上躺在床上想着一个自以为多创新的念头时，相信我，这个世界上有无数其他人同时也在想着同一个念头。但最终可能只有极少数的人成功了，因为他手上拥有可以推动这个想法变成现实的资源。不要轻易地去涉足自己不熟悉的领域，假如你要做SOHO，首先你需要拥有客户，或者能掌握供应链，至少也要在外贸领域有一定的基础吧？这些都是资源。

3. 创业最艰难的是踏出第一步

正如同“97%的创业失败是因为从来没开始过”，太多人“死”于瞻前顾后了。想着自己现在有一份还不错的工作，想着创业后可能遭遇的风风雨雨，然后再一蹉跎，一下子就到可以当爷爷的年纪。面临选择时，要么一心一意地走职业经理人道路，要么看准时机果断转身，人生本来就容不得半点犹豫。再说，假如年轻时创业失败，最差还能重回职场，但在一定年纪后再失败，就真的没有回旋余地了。

4. 假如连饭都吃不饱，就不要想什么创业了

破釜沉舟对绝大多数人和绝大多数情况都不适用，假如手上连吃饱饭的钱都没有的话，那就老老实实多打几年工吧，因为在一般情况下，这意味着除了钱之外，你还缺乏其他必须需资源。再说，创业可能失败，创业也需要过程。从无到有一夜暴富那不叫创业，叫赌博。

5. 慎重挑选合伙人

除非有百分百的信心，否则建议还是不要有合伙人。合伙人或许可以在创业初期更快走上轨道。但契合度再高的两个人也难免有意见分歧，甚至还可能有经营理念乃至利益的冲突，这种冲突可以让前期辛苦打下的基石在一夜被摧毁。可以共患难，但可以共富贵吗？中小型企业必须只有一个人能说了算。

6. 盈利模式很重要，但现金流更是重中之重

（1）除非有足够的钱可以浪费，否则不要轻谈“规模产生效益”，因为你很可能支撑不到产生效益的那一天。

（2）可行的、可持续的盈利模式是创业前就必须考虑好的。有些领域能带来规模，有些领域能带来现金流，有些领域能带来声誉，有些领域能带来发展机会。但无论如何，必须有一个领域能够带来足够高的利润。

（3）账上的利润决定了你将来能走多远，但这些都是虚的。手头上没有现钱，今天就会“死掉”。

7. 一个好汉三个帮

假如一个人可能拼尽全力一年可以赚 100 万元。

但要是拿 30 万元去请几个帮手，他们可能会帮你赚到 300 万元。

舍得舍得，有舍才会得。当然也有可能最终只剩下 70 万元，但至少也得到了一部分轻松时光不是吗?

8. 要时刻反思自我，但更要有坚定的信念

创业的路上会经历风风雨雨，经常性的反思和战术调整是必需的。但不到迫不得已的时候，不要怀疑一开始定下的路线，更不要质疑创业这条路究竟走得对不对。坚持不一定能通往胜利，但坚持至少可以让你不会后悔。

9. 身体健康与家庭幸福比什么都重要

年轻时赚钱养房养车养老婆儿女，老时养医生，这种事情还是不要发生在自己身上为好。创业本来就是为了给自己和身边人带来更好的生活，否则钱越赚越多，人却越来越不开心，身体也越来越差，这钱是要赚来等死后做慈善还是赞助老婆改嫁?

第二节　大牛说SOHO

说到外贸创业，很多人都会想起SOHO（Small Office Home Office）。

我是从SOHO起步的。假如你问我为什么选择SOHO，答案很简单，就俩字“没钱”。当时兜里就揣着20多万元，每个月却有1万多元的支出。一年不出成绩的话我就得当街要饭去，哪敢做什么投入。所以我唯一能够投入的，就是我的专业知识以及时间。

但我对传统的SOHO又非常抗拒。在我看来，传统SOHO的劣势非常明显，是更为纯粹的国际搬运工，基本不具备什么核心价值，靠的仅仅是行业信息一时的不顺畅。在这种模式下的贸易公司尚且日子越过越艰难，个人SOHO能有什么前途？果断PASS。

初入SOHO圈

我主要朝着两个方向考虑：（1）帮客户做采购；（2）帮工厂做出口。

不管怎样，至少要依托着其中一方。

一朋友知道了我的打算，跑来和我说：“某工厂似乎挺不错，但它的外贸做得很差劲啊。我曾经和他们有过来往，有他们副总的电话号码，你要不要考虑去试试看？”我欣然接受，拿起电话就直接打了过去。在我看来，以我这种有着中国500强多年外贸经验的人才，肯屈尊降贵帮这种所谓的“小厂”把外贸拉起来，对方肯定会欣喜若狂。

但没想到对方只是淡淡地“哦”了一声，就“有空喝茶”地把电话给挂了，从此杳无音讯，剩我一脸愕然。后来回想起来，我很快就释然了，换了是我，假如一个不了解甚至可以说完全不认识的人跑来和我说要帮我做外贸，我除了“滚”之外不会有别的回复。

第二条路当时算是被堵死了，我只能考虑第一条路。但事情的发展有些出乎我的意料，当初和我勾肩搭背、称兄道弟的客户们，纷纷表态“I wanna be your 1st customer”，但一个个就是不下单。更令人难以置信的是，我同某客户说：“咱们关系这么好，你这批订单我先直接帮你跟了，钱以后再说，就当是你来测试体验一下我的服务了。”之后我免费帮他跟了三个月订单，他居然真的没有给我钱。不过一年之后他还是正式和我合作了，这是后话。

在那段没收入的日子里，我每天都低调做人。在单干半年之后，开始有客户跟我合作了，订单也越来越大，兜里的钱也越来越多。开始达到之前打工时候的年收入，再到翻倍，之后再次翻倍……日子似乎过得红红火火。

但我开始经常性地夙夜难眠了。我担心明年客户是否还会继续和我合作，担心明年的订单量会不会继续增长，担心新的客户来源要去哪里找，担心客户会不会有一天甩开我直接和供应商合作……总之就是一句话：“我找不到自己的核心价值在哪里。”这不是我凭空乱想，也不是我有被害妄想症，而是买手领域确实存在的几大瓶颈：

（1）很难具备可持续发展性。

（2）很难具备可复制性。

（3）很难具备核心竞争力。

在这种情况下，客户和我合作，即使说是“赏我口饭吃”也不过分，因为我完全给不了对方必须和我合作的理由。

我的转型之痛

我不得不谋求转型，重点从几方面下手：

（1）加大和客户之间的引力。除了服务投入之外也进行资本投入，让客户离不开我。

（2）结束单干的日子，结束 SOHO，必须团队作战。

（3）寻求新的业务来源，扩大业务范围，必须拥有自己的核心价值。

转型会有疼痛，甚至还有失败的风险，但我不得不这么做，否则我完全无法确定5年之后外贸界是否还能有我这么一个人。所幸从目前看，转型还是走在正确的道路上的。

根据我 SOHO 的经验，以及对身边从事 SOHO 的外贸人（我有不少朋友离职后做过纯 SOHO）的观察，得到结论如下：

（1）在现今这个时代，SOHO 的失败率很高，SOHO 能赚的钱是有限的。

（2）那些能够存活下来，甚至做得还不错的 SOHO，很多都来自“旧时代”（例如十年前）。他们的成功是不可复制的，也不能作为我们现在做 SOHO 的理由。

（3）SOHO 是个很好的、门槛很低的起步，可以作为1～3年的短期规划，可以作为原始资本的积累，但要长久地做下去，转型是必需的。否则创业犹如逆水行舟不进则退，一不小心几年后连 SOHO 都没得做。

（4）不管是开工厂，开贸易公司，还是做 SOHO，树立自己的核心竞争力，体现自己的核心价值，都是重中之重。

（5）SOHO 能不能做，跟产品和行业也有很大的关系。有些行业成本透明，技术壁垒低，客户基本一刀就能直接捅向工厂。这种领域，最好不要试图去做 SOHO，再厉害的人也无法同市场规律作对。

所以，亲爱的读者们，不要因为纯粹想追求自由的生活，或者想过一把创业的瘾，就一时冲动挤进 SOHO 的领域。你要有一个完整的规划，你需要认清楚自己能做什么以及不能做什么，你需要有即使一段时间不出成绩也饿不死的粮草储备。“背水一战”式的创业，不适合绝大多数人。

第三节　采购代理，其实你可以挣得更多

创业的另外一个方向是采购代理。

在 2013 年的时候，我曾经做过一份叫做《通往买手的道路》的 PPT，现在回顾，觉得里面的知识点还没过时，可以再次推荐给大家。

采购代理面临的两个最大 & 最普遍的瓶颈

1. 很难形成自己的核心竞争力

拿我自己举例子，在我刚开始做采购代理的时候，我已经在空调行业沉浸 6 年了，算得上专业人士，但是我依然会因为担心客户不跟我续约而经常感到惴惴不安。因为在整个行业链条中，我扮演的就是一个传声筒的角色。客户说了什么，我翻译成中文发给供应商，再把供应商说的话翻译成英文发给客户，偶尔试验工厂验验货，这就是工

作的全部。在这里面，我能有多少价值？所以我当时觉得是客户在赏我饭吃，事实可能确实也如此。因为一次偶然的机会，我无意中发现在某个客户的内部体系里，我被分类到 logistic 部门而不是 purchase 部门。

至于说谈价格，那就更不值得一提了，除非是专业产品领域的谈判，否则和外国人相比，中国人在价格谈判这一点大同小异甚至还很有可能遭遇区别对待。我一直忘不了好多年前我去上海参观某展会，看到某个摊位不错，于是走过去想了解更多，把手伸过去且说了“你好”，结果对方销售和我擦肩而过，反而去和一个路过的老外打招呼。

所以，采购代理真的不容易形成自己的核心价值。因为大多数人从事的，只是基础性的 sourcing 和 inspection，这样的岗位性质没有不可替代性。

2. 很难进行商业模式的复制

与其说很难进行商业模式的复制，不如说开拓客户很难。

采购代理是一种基于“信任”的工作，假如对能力和诚信没有一定的了解，谁敢把采购交给别人？我至今还能看到不少已然过了知天命年龄的公司老板，依然奔跑在采购的第一线。而且采购代理是一种“服务”而不是一件实际的“产品”，在实际体验之前看不见摸不着，换我也不会轻易“下单”，对吗？以我们公司为例，这么多年走过来，客户总量依然稳定在 10 个左右，不减也不增。

也有一些客户找你就是为了让你帮他啃硬骨头或者说处理问题，例如质量出问题，交期搞不定，产品太难找，等等。等你好不容易把问题都解决了之后，客户挥挥袖让你走，日常订单依然还是他直接来联系，气人不气人？

更重要的是，假如你把自己定位成一个 sourcing office 的话，那就存在更致命的问题。没有产品的专业沉淀，你可能就一直都在截然不同的产品里面跳跃，今天找 MP3，明天找重机械，没有了专业也就没有了根基。

我的采购代理经验

基于以上两个问题，采购代理可以说是一门易学难精且很快就会到达瓶颈的工作，但这并不意味着我们就该认命做一辈子的跑腿。尽管现在采购已经不是我们公司的主业，但结合以往几年的思考和摸索，还是有一些经验可以供大家参考的，不能保证挣大钱，但每年挣 50 万～100 万元还是可以尝试达到的。

1. 尽量不要把自己定位成 sourcing office

尽量不要把自己定位成 sourcing office，不要仅仅把自己放在找新供应商和新产品的位置上。因为“找”其实很没有技术含量，我们不能指望客户会因此付你更多的钱。

2. 学会占据客户采购链的大部分

除了供应商之外，供应商到起运港，起运港到目的港，目的港到客户仓库，中间还有很多的环节是我们可以去占据的。而你占据得越多，对于客户来说更换成本就越高。

3. 学会帮客户做决定

不要满足做一个传声筒，适当地让客户习惯你帮他做一些决定。这样也会不断巩固你在供应商心中的地位，认同你的存在，不会试图跳过你去直接联系客户。

4. 要让客户依赖你

像对待傻瓜一样去对待客户，就我接触过的大多数供应商而言，他们的服务是不过关的。举个简单的例子，文件命名极其混乱，不具备辨识性，不具备存档功能，更别提不同的供应商有自己的工作方式了。而你的工作，就是把所有供应商的东西都统一为一个标准，这样客户不管遇到什么供应商，他认可的就是你这套标准。我之前和同事讲过这样一句话："我们多做了什么，客户就能够少做什么。"这是让客户对我们产生依赖感的基础做法。

5. 尽量在一个产品大类里面沉淀

采购并不是一个你开口说"太贵了你给我降点价吧"，供应商就会答应你的工作。假如你对产品根本不熟悉，就算是你想降成本也无从做起。所以，在保障自己的生存前提下，要学会拒绝客户和选择客户。例如我是做空调的，那我就围绕着空调或者家电行业去开拓客户，就算是老客户想让我去找 LED 我也得衡量一下投入产出比，再决定约还是不约。否则假如一直在不同的行业里跳来跳去，就好像没有脚的鸟儿一样，只能飞翔永远没法落地。

6. 塑造核心价值

这是最关键的一点，也是最难的一点。简而言之，就是客户缺什么我们就给什么。比如，我有个客户缺钱，他的现金流经常不足，但是他的利润很高。那么我就拿现金流来换取他的利润，例如要下单给供应商时，或者必须得出货时，钱还没到位怎么办？我可以替他垫付。在这种情况下，我和客户就结成了一种非常牢固的纽带关系，这种关系让我几乎没有任何的竞争对手，他就算是想换也不行，这就是所谓的核心竞争力。当然，市场有风险，垫钱需谨慎。

7. 蛋糕一个人是吃不完的

我们不要期待一个人或者一家公司就能够满足客户的所有需求。就好像我的空调客户想做 LED，假如我这个时候从头学起，重新摸索，这里面的时间和精力投入之巨大无法想象，但要是我把 LED 项目外包给其他 LED 领域的采购代理团队呢？从这个角度看，这是一种资源的合理匹配和最大化利用，所以“抱团”和“跨界”的采购代理联盟，是对客户、供应商和其自身都有好处的一件事情。

中篇

从术至道

第四章　学会思考

第一节　一个比萨引发的思考

在创业的这几年里，我想自己最大的收获，应该是从“术”的阶段过渡到“道”的层面。

我曾经在微信上分享过这样一个小故事：有一次我去必胜客，指着“天天半价”的产品说我要打包。服务员说“不好意思先生，公司规定，半价产品是不能够打包的”。半价不半价我其实并不在乎，但就在我准备点其他正价套餐的时候，服务员悄悄地说：“先生你要不介意的话，可以在这里吃一块，之后就可以打包了。”瞬间我感觉好像捡到钱一样惊喜。

从这个小故事中可以得到很多启示。

从销售技巧的角度讲，我们在跟客户谈判的时候应该采取先抑后扬的方式，先降低客户期望，再给对方制造惊喜。

从职场的角度讲，我们是生硬地遵守公司的规章制度，还是在不伤害公司大利益的前提下，尽量去满足客户的个性化要求？

从管理的角度讲，我们是采用强制性的要求，还是从人性的角度出发，制定以疏导为手段，激励为核心的公司制度？说到这里，我突然想起另外一个小故事。据说英国最先向澳大利亚输出的是囚犯，通过委托船东海运的方式。但由于一开始的付款方式是 FOB 的，也就是按上船多少人付费。船东们为了赚取利益，就拼命往船上塞人，由于船上的卫生和生活环境非常差，到港之后人员死亡率非常高，有时甚至达到三分之一。有鉴于此，英国政府采取了措施，给每条船配备了监察官员和医生。之后似乎平静了一段时间。但船东们慢慢地开始找到应对措施了，监察官员要么被拉下水同流合污，要么被拉下海去见上帝。最后，英国政府终于找到了彻底解决问题的办法，不再按 FOB 付费，而是改成 CIF 的方式，根据到港后船员的数量和体质来付费。这个问题马上就被解决了。

这就是一个标准的坏制度把好人变成坏人，好制度把坏人变成好人的案例。有许多人在制定制度的时候，总是幻想遵守和执行制度的人是机器人，能够 100% 在框架里面工作。例如大家经过一些店铺的时候，有时候会看到他们的员工在唱歌跳舞读宣言，这就是一种统一思想的手段。对于初级工种，这不失为一种有效的手段。但对于我们外贸界尤其是销售岗位，这种做法已经慢慢地失去作用了，尤其是现今职场主流为“90 后”的情况下。我记得有一位学者说过：除非得到允许，否则在德国什么事也不能做；除非受到禁止，在英国什么事情都可以做；即使受到禁止，在法国也是什么事都可以做。我觉得这种说法很能说明我们的职场管理，我们的上一代是德国，我们这一代是英国，我们的下一代就是法国。

以上就是我吃比萨所扯出来的东西。

第二节 赚钱的秘诀

以上所说的其实都不是重点。重点是，一般人谁会从一个生活中的普通小故事想出这么多关于工作的思考？

我记得朋友一个 Alex 曾经发过一条朋友圈：这社会并不是靠努力和辛苦赚钱的。论努力，农民伯伯比我们努力；论辛苦，富士康的工人比我们辛苦，但是他们都赚不到大钱。另外，很多赚到大钱的人，他们都不辛苦。

那么靠什么赚钱？靠聪明和才智吗？不，我个人认为，要靠思考的力量。

例如我跟 Andy，我们同一所学校毕业，同时入职，担任一样的职务，做着一样的工作，一样努力一样加班。为什么 5 年之后，他成了经理而我还是一个业务员？原因就是我经常和大家说的一样，有太多人一辈子都只顾着埋头赶路，而忘了抬头看看自己的方向，以及回头看看自己走过的路。所以在我们公司，工作经验并不是一个非常重要的东西。因为有些人干了一辈子他还是个傻瓜，不懂得思考，而有些人在迈过了初期的迷茫之后，他学会了思考，学会了探索，学会了如何从术过渡到道。

第三节 从术至道的过渡

那么什么是术，什么又是道？

在我看来，道是世间万物的本质、运行规律及其相互之间的关系；而术则是事物运行过程中的显现。简单讲，术是一种工作技巧，而道是一种思维能力。工作技巧可以学甚至直接复制，但思维能力则需要通过大量的思考再结合自己的实际情况来形成。那么问题来了：怎么思考？

（1）学会总结。例如以一个月为周期，总结以往自己做的事情，做得对的要继续发扬，做得错的要努力改正避免再次犯错。就好像圣斗士说的：同样的招式对我不起作用。各位一定要有这种精神，在职场上犯错是很正常的，但犯同样的错误则是不被允许的。

（2）学会逆推。尝试去观察身边的人和事，学会逆推每一件所发生的事情的内在原因，并以此推测其将来的发展轨迹。举一个简单的例子：客户说我们的价格高。我们有没有去站在客户的角度，深入思考客户为什么会说我们的价格高？是相比竞争对手高还是相比终端价格水平高？高了多少？是真的高了还是仅仅只是客户的压价手段？不厘清这些问题，我们在和客户的谈判中永远会处于一种被动的状态。

（3）学会联系。事物都不是独立静止存在的，每一件事情的发生都必然会引起另一件事情的变化，要学会找出每一件事情之间的关系。举一个例子：客户的汇率贬值，为什么会引起我们的销量减少或者收款困难？这就是一种连锁反应。

我以前曾经说过：工作经验并不单纯指工作了多少年，而是指在工作的过程中，你是否形成属于自己的思维模式。这样即使我们遇到之前从来没有遇到过的问题时，也会懂得如何去搜集信息，去权衡利弊，去分析判断从而准确执行。这就是我所认为的，职场的道。

第五章　提问与思考

第一节　职场上的拿来主义

然而职场的道，并不是那么容易得来的。

多年前当我在墨西哥的时候，公司曾经遇到一个法律问题。我千方百计地找到了一位华人律师，打了电话过去，问对方能不能花几分钟时间给点法律意见。对方很客气地说："抱歉，不能。"当时我有些气恼："反正你闲着也是闲着，花点时间回答我几个问题会死啊？"

假如现在的我就是当时的那位律师，在听到这样的问题时，我会很严肃地回答："是的，会死，会穷死。"首先，几分钟？几分钟真能搞定一件事情？其次，只要每天来几个要求免费咨询法律意见的人，那一天的正事就不用干了。

现在拿来主义在社交媒体上依然存在。我不止一次跟对方说“抱歉，这个问题我不能回答你，建议你问领导或者上福步论坛查询”之后，对方要么委屈要么讽刺地说，“我没有经理，除了问你不知道问谁/我还以为你会帮助别人解决紧急问题/对，你确实没有帮我忙的必要”诸如此类的话。对此我只能一笑了之，我一不是你上司，二不收你半毛钱，三和你不沾亲带故，四从没任何互动，凭什么我就要帮你？更何况这种问题在我初开微博时已经回答几百遍了，很遗憾你没赶上。

第二节　学会独立思考

在我刚开微博、微信的时候，反复收到过以下问题：

客户不回复邮件我该怎么办？

供应商不讲信用我该怎么办？

老是拿不到订单我该怎么办？

老板让人很闹心我该怎么办？

一年赚不了百万我该怎么办？

有些问题让人会心一笑，有些问题让人烦躁不安，有些问题让人啼笑皆非。老实说，每天如潮水般涌过来的问题，尤其是自带负能量的那种，我已经有些扛不住了。直到某天有人将一封上千字英文邮件直接发给我说“丹牛哥你看这封邮件我应该怎么回”的时候，我直接将此人拉黑，同时将微博签名改成了“私信虽开放，基本不回复”。

马云有钱，他就必须得捐款吗？我会对这个世界释放善意，但不能说我就必须因此承担更多的义务。在我自己的公司，我都已经几乎不看英文邮件了，真要帮你回邮件的话，小伙伴们会吃醋的。

相比我们过往那个凡事都得靠自己摸索的年代，现在的人真的不要太幸福了。你可以轻而易举地在网络上找到前辈们的分享，可以在线下沙龙不经意地邂逅某个行业大咖，互相交换一下名片或者加个微信之类，然而这并不代表着你从此就可以做一个轻松快乐的伸手党。遇到任何问题翻一下通讯录，嗯，数据问题 Alex 比较擅长，电商问题 Ben 比较在行，建站问题雪碧比较牛逼，管理问题老麦是个高手，bingo！轻松搞定！对了还有华超，他的视频反正都已经做出来了，免费给我一个账号不行啊？

伸手要来的东西，终究不会真正属于自己。就算别人能帮你这一次，难道还能帮你一辈子？况且“大神”们说的也不一定就是正确的。我们来做一个假设，假如对于心目中的“大神”你只有一次提问机会的话，你还会像今天这样随随便便就抛个问题出来吗？

你不会。

你会先上搜索引擎，搜索这个问题之前是否有人提出以及回答过。

你会先自己思考，这个问题可能有哪几种解决方案。

你会先和身边的人沟通，验证自己的方案是否可行。

你会尝试着实施心目中的最优方案，并学会对方案进行修正补充。

你会暗暗地想还是将提问机会留到下一次吧。

直到有一天，你会突然发现你已经不再需要向“大神”提问了。

因为提问本来就不仅是为了寻求答案，更重要的是为了理解前辈们的思维脉络，最终学会独立思考。

下　篇
悟出之道

第六章　外贸职场江湖

第一节　外贸是天堂，还是地狱？

我曾经以为我会是一个广告策划人，时至今日看到能令人眼前一亮的广告我依然会激动不已。但由于我的大学专业是国经贸，我的实习是在一家外贸公司，我的第一份正式工作也是外贸业务员，甚至到今天不小心把外贸做成了一份事业，于是我也就尝试着去喜欢它。但不可否认的是：

从宏观角度讲，外贸发展的井喷时代已经过去了。

曾经赚外国人的钱是一件容易的事情，但发展至今，已经不再是懂点英语就能做外贸的年代，尤其是低技术含量的劳动密集型行业，更是在慢慢地失去其竞争优势。现在从零开始做外贸，除非是在大型企业，或者高新领域，或者国家重点扶持行业，或者有一个聪明的老板，否则上升空间始终都是有限的。另外自有品牌也是制约外贸进一步蓬勃发展的主要瓶颈，有多少在国内乃至进出口领域都响当当甚至能占据全球销量半壁江山的公司，但在国外消费者当中却籍籍无名？专注贴牌生产的确能够在短期内站稳脚跟，但同时也会将大部分的利润拱手让与旁人。这是一种无奈，也是一种煎熬。即使许多人都看到自有品牌是外贸将来的出路，但实际操作起来又困难重重。我曾经接触过一家公司很有魄力地斥巨资在海外设立了分公司，但在三年后背负着上千万的亏损黯然退市。假如不能在自有品牌上走出一条正确且适合自己的道路，始终会有一双手卡在外贸公司的脖子上。

立志从事外贸工作，一定要谨慎、谨慎、再谨慎

外贸不是一般人能干得了的工作。

说收入，头两年几乎不用谈钱，就指着底薪在熬，慢慢地客户多了起来，领导逐步信任自己，其他市场的业务逐渐离职，自己也能分到一些好市场、好客户，钱包才渐渐地鼓了起来，但除非做到公司中高层或者自己跳出来创业，否则就算成为 TOP SALES，年收入能有多少？30 万元、40 万元还是 50 万元？而这又需要经历多少年的沉淀与煎熬呢？

说工作强度，由于时差的关系，自觉加班那是家常便饭。尤其是做美洲市场的同事们，每天下了班吃完饭，看准时间回办公室就开始打电话，从晚上 10 点打到 12 点。或者先去同事的宿舍睡一觉，调好闹钟凌晨 3 点起床，再一路小跑回办公室打电话回邮件。能容纳上百号人的办公室空荡荡的只有一个人的声音在回响：“Hello，hello，can you hear me？”这种事情我当年是一句都不敢跟爹娘提及的。

立志从事外贸工作，一定要做好挑战自身极限的准备

再说我曾经的老东家，他也许属于特例，但我想在一定程度上也可能反映整个外贸行业的部分面貌。列举几个例子：

所有的人都能欺负你，生产的、技术的、备件的、装柜的，甚至车队的都能给你脸色看，谁让客户是你的？谁让你赚钱最多？就算你是总监也没用。

几乎每一个女孩子都在公司某个地方流下眼泪，或者是厕所里，或者在宿舍中，或者有些实在忍不住在办公室就号啕大哭了起来。

在价格体系中，你所有的订单都是亏损的。每次开会老板都要就本季度又亏损了几千万元给你施加压力。目标任务永远完不成，完成了也没用，库存超期、迟到早退，总有一个能扣你钱的理由。

大到下单出货，小到免费样品，事无巨细所有都要老板审批。我曾经一度怀疑老板在漫画火影忍者里的木叶村进修过，否则没有分身之术哪能批得来每天“成千上万”的报告？你还不能催，一催老板秘书就要骂你，管你是什么职位什么理由。老板要驳回了怎么办？打报告！从经理到总监，从副总到老总，从副总裁到老板，报告准备两张A4纸都是少的，因为你得留空间给人驳回，然后你再提交，然后再驳回再提交……写作能力弱点的人都没法胜任这份工作。至于客户要求的货期正在一天天过去？报告批了再说，现在哪有工夫理这闲事。

每次出货工厂总会打电话给你，说少了什么物料要你去追，或者仓库打电话给你，说有几个型号在仓库找不到要你去找，你能不去追？那出不了货最终又得谁去跟客户解释？甚至曾经有一段时间爆仓，所

有要出的货放在哪儿都找不到了。于是公司组织全体外贸人员去仓库找属于自己客户的货，整整一天其他什么活都不用干，就绕着几个仓库转圈，找到了再记录下来交给仓库。有些货被堆到几公里外外协仓库的，还得自费搭公交车出去。

最让人崩溃的是，下了的单，做好的货，公司说最近亏损，要给全体客户涨价。不管这个客户是不是真的亏损，反正就得涨，不涨不让出货。而这种事情，在我的职业生涯中经历过两次。

外贸圈是一个战场

于是，很多人都出逃了。你问我为什么不走？我当然也走，在我工作一年多的时候，秉着“再多的钱也不能拿生命来换”的高尚念头，我第一次离开公司，但最终又因为“生命能值多少钱一斤”回到了公司，直到我认为这一次我已经真正积累了足够的资本。你要问我这几年的外贸苦不苦，我的回答肯定是苦，但你要问我后不后悔，我的回答也肯定是不后悔，因为：

（1）没有这些年吃的苦，没有曾经经历的各种各样的困难，也就没有我的今天。对于我的老东家我只有感激没有怨恨。今天的我虽然远说不上功成名就，但至少我已经走在了属于自己的道路上。

（2）没有比外贸圈更单纯更质朴的圈子了。不用陪客户吃吃喝喝，抽烟喝酒应酬不是必需的，溜须拍马也不是必需的。

曾经有一位我非常尊敬的老前辈告诉过我：外贸不是天堂，也不是地狱，它是一个战场。我也想把这句话送给所有外贸新人们，同时：

（1）假如你没做好艰苦奋斗的准备，别做外贸。

（2）假如你不能坚定信念在一方领域至少沉淀三年，别做外贸。

（3）假如你已经决定了要从事外贸，一定要选择一个能让你充分成长、能带动其一同成长的平台。

假如你爱TA，就让TA去做外贸吧！

因为这是一个简单淳朴的圈子，一所能让人快速成长的学校，一方不需要吃喝嫖赌的净土，一个只要付出了最终总会给你回报的乐园。

假如你恨TA，也让TA去做外贸吧！

因为这也是一个残酷的世界，一个没有硝烟的战场，一个没有一夜暴富神话的现实社会，一片虽然不肥沃但依然需要努力耕耘的土地，一个不沉淀下去就绝对不会开花结果的池塘。

第二节　职场建议与规则

给你八条职场建议，至少少走三年弯路

1. 读哪所大学重要吗

我的看法是重要。

第一，撇开师资实力不谈，在我们刚毕业浑身上下跟白纸一样的时候，学历就是求职者最大（甚至是唯一）的敲门砖。像那些清华北大的毕业生，虽说不能百分百顺利通过面试，工资也不见得就要比其他学校的毕业生高多少，且不论他们的实际工作能力如何，但“名校毕业”这个光环已经成为他们的永久的被动技能，天生就能得到更多的关注和入职机会。例如有些企业的招聘就有应聘者必须“211”院校

毕业的硬性规定，这个规定不仅挡住了诸多求职者，连 HR 都愁白了头，每天的工作就是不停打电话给竞争对手的员工，第一句话就问是哪所学校毕业，运气好遇到“211”或“985”毕业的，如获至宝，苦口婆心地劝说对方跳槽，而学历不怎么高的人，不管能力再强，连面试的机会都没有。

第二，实践证明，“一起同过窗”是促进感情的有效途径，同校也有些许异曲同工之妙。两个陌生人相见，拱手一问发现居然是校友，平添三分好感。在参加工作之后，除了需要不断提高自己的职业能力之外，加入不同的圈子并扩大自己的人脉也很有必要，但正如土豪不可能和屌丝交朋友，圈子不是你随便敲敲门就能进去的。同一个圈子的首要条件是大家都是平等的，假如你身边都是学霸而你只是小小一学渣，别说圈子了连路过跟人打招呼你都不好意思。一所好的学校，并不仅在于他的师资实力如何，还在于他的校友的平均成就，不同层次学校的校友成就可能有天壤之别。而校友圈作为一个天然的圈子，一个本身你就已经在里面的圈子，你敢说读哪所学校不重要？说着说着，我自己都有点后悔当初冲刺高考的时候没多加几箱油。

说到这里可能有人要反驳说：有些人甚至高中都没毕业都能成为中国乃至世界富豪，这你又怎么解释？

我想说的是：这个世界 70 亿人口，只有一个比尔·盖茨，只有一个乔布斯，身为凡人我们就应该有自知之明。有梦想是好事，但终归还得结合现实。

关于学校，能看到此书的人或许都已经没有多少选择余地了，所以我们也不谈太多，但你可以把这些给你的弟弟妹妹看，又或者选择读个研究生。

2. 读哪个专业重要吗

我大学读的是国经贸专业，但全班60多个同学，最终毕业后从事外贸的屈指可数，却有约20%的同学进入了金融行业，其中也不乏在金融圈混得风生水起的。在我看来，在文理的大方向前提下，本科读哪个专业，并不是非常重要，因为：

（1）大学本科的课程，主要还是以打基础为主。

（2）时代的变迁是非常快的，学校的课程并不一定能很好跟上时代的步伐。

（3）纸上得来终觉浅，绝知此事要躬行。根据我的实际经验，真正的知识和技能，终归得经过实际工作才能获得。

基于以上原因，我认为更重要的，是获得“学习”的能力。为什么？因为大学毕业不是学习生涯的终点，反而是一个新的起点。参加工作后，没有了老师的谆谆教导和可以悠闲预习温习的时间，如何高效地掌握工作必需的各项知识和技能，就显得极为重要。所以我们在大学四年时间里，应该重点培养“学习的能力”，包括：

（1）如何在旁人没有义务指导你的时候，获得前辈们的指导。

（2）如何从错综复杂的资料中提炼关键信息。

（3）如何将关键信息深深地印入记忆。

（4）如何在规定的时间内，在有压力存在的情况下，将关键信息整理成完整的报告。

（5）如何将各种知识应用到实际操作中。

请记住一点，专业不是非常重要并不意味着可以随便乱来，假如你毕业后的工作专业对口，大学时候课本知识又学得不错的话，天生就会比别人有更好的基础，有更高的起点，能够让你更容易吸收进一步的知识。

3. 上的不是名牌大学和读的不是好专业，怎么办

王侯将相宁有种乎？

当我们的求职简历无法在学历上体现亮点的时候，校园活动和社会实践经历就是另一个重要的突破口。

第一，我强烈建议同学们尽量去参加学生会、团委、社团等学生组织，并尽可能地担任一些干实事的职位。在我看来，像学生会这类的组织，其实已经可以看成企业的缩影了，有决策者、管理者、组织者、执行者，有团队合作，有人浮于事，甚至还有现今看来无比幼稚的钩心斗角。本人在读大学的时候，曾经担任过学生会文娱部的部长，和宣传部一起贴过小广告，和外联部一起拉过活动赞助，这些都是进入企业之前无比珍贵的经历。

第二，我强烈建议同学们不要放过参加社会实践的机会，不管是派发传单也好，做家教也罢，不是为了混一个资历，或者赚点零花钱，而是为了开阔眼界，为了多做一些事情，并在过程中去了解自身的优点和缺点，这一点对于求职非常的重要。我一直强调“没有不好的工作，只有不适合的工作”，多了解自身的情况以及自己适合做什么不适合做什么，之后有的放矢地求职，比起别人你就已经赢了一半。

但要不是好大学或好专业出身，社会实践又来不及做了，怎么办？让我们接着往下看。

4. 读研还是找工作，这是个问题

突然发现我是个意志坚定的人（或者说是“轴”），我从来没有在读研、报考公务员和找工作之间犹豫过。

在我看来，选择读研还是找工作，首先，需要计算机会成本。

（1）假如把读研的几年时间投入工作中，我预计能收获什么？3年、5年、10年后我相比同期本科毕业但选择了读研的同学，会有哪些差别？

（2）研究生毕业的话，我是否能具备更高的起点？是否能够比本科毕业就参加工作拥有更漂亮的成长曲线？或者能进入某些门槛更高的行业？

其次，需要衡量自身究竟更适合读研还是工作，有些人天生就不是读书的料。假如单纯为了混个学历而选择读研的话，那是一种极大的浪费。

再次，需要预计将来可能从事的工作是否需要更高的学历，例如专业性很强的某些领域，医学、法学或者学术研究等，但在某些领域是完全不需要更高学历的。例如以前我所在公司的销售部门，也有一些研究生毕业甚至海归的同事，但除了基本工资高几百块钱之外，和本科毕业的同事没有什么区别。而假如随着岗位的晋升需要进一步深造的话，读个在职研究生岂不是更好的选择？

最后，为了逃避就业而选择读研，是一种绝对不可取的态度。

5. 实习，不仅为了混学分

我有两段实习经历。

第一段是在大三的暑假，按捺不住寂寞的我找了一份外贸公司的实习工作，完全没有工资的那种。找外贸公司纯粹因为我的专业，在那一个月里具体干了什么我现在已经想不起来了。但就是因为这段实习经历，我认清了自己究竟最适合做的是什么工作，从而奠定了我毕业后从事外贸工作的方向。

第二段是在正式毕业的四个月之前，当已经找到工作的同学还在校园里恣意地享受最后悠闲时光的时候，我已经开始工作了。撇开渴望踏入社会的心理不谈（其实是渴望赚钱，嘿嘿），我当时是这么考虑的：

（1）四个月的时间，足够我对一家企业有足够的认识，假如最终觉得这家企业不好，或者我实际上并不适合这个领域，那我还能赶上招聘季。

（2）假如正式毕业的时候我还需要另找工作，那我也是有“工作经验”的人了，足以在其他应届毕业生中脱颖而出。

（3）实际的工作经验对我的毕业论文会有帮助，我记得当初的选题就是“论企业的国际化道路”。事实证明确实帮助非常大，参考一下公司的内部资料，再采访一下公司的前辈们。一篇论文短短一个星期就完成了，还是在下班时间做的。

瞧！当初的这个选择现在看来非常明智。

实习属于大学学分的一部分，有不少人选择随便找家亲戚或朋友的公司，在实习报告上盖个章就完事，这种做法完全没有意义。请记住一句话：今天你少做了什么，在未来你就得多做回来。

6. 第一份工作，极为关键

我们经常说应届毕业生就是一张白纸，那么第一份工作就是白纸上的第一笔，这一笔决定了接下来无数笔的风格，决定了这张纸在未来能写怎样的篇章。

毕业前四个月我所从事的工作，就是我人生的第一份工作，虽然只有区区一年多时间，但是给我打下了一个深深的烙印。之后我频繁跳槽，换了不少家公司，却始终无法适应其他公司的风格，所以在蹉跎了一年多之后，我最终还是回到了一开始的那家公司。

关于第一份工作，我个人是这么想的：

（1）在力所能及的情况下，尽量选择有一定规模、历史、知名度的企业，这样的企业成熟，制度比较完善，能提供较为稳定的发展平台。而且以后要离职找新工作的时候，别人看到你简历的时候都会多看两眼，更别说猎头公司的一贯做法就是从同行业知名公司中挖人了。宁为鸡头不为凤尾的做法，更适合有了一定工作经验之后的人。

（2）第一份工作千万不要随便，不要有先干着以及骑驴找马的想法。因为人都是有惰性的，在有一份还算稳定工作之后很难生出立刻要找一份更好工作的念头，即使有这个念头，你也得烦恼“老板对我这么好我该怎么开口说辞职”的问题。

（3）第一份工作不要太看重薪酬，要看发展前景，“一万年太久，只争朝夕”在职业发展的领域完全不适用。网上最近流传这么一个段子，大概是“3 000 块你就想招个民工？别开玩笑了！3 000 块你只能招个大学生”，段子挺有意思，但请记住：十年后民工的价格可能是 6 000 块，但你的价格可能已经变成 60 000 块甚至更多。

（4）领导是个很重要的因素。不管制度多完善的企业，其主体都是人，正所谓“兵熊熊一个，将熊熊一窝”，领导的风格决定了一支团队的风格。而直属领导作为企业中和我们最接近的上级，其工作风格会带给我们很大的影响，其发展道路是我们能够拿来参考的，甚至其今天的成就能成为我们的工作目标。简而言之，假如我的领导们在工作了多年之后都没能有所成就的话，我凭什么认为这家企业有很好的发展前景？所以当我们参加面试接受别人审核的时候，同时我们也需要审核对方。看对方的风格是否能够和我们相契合，更重要的是，看对方的今天是不是我们期望中未来想成为的模样？

（5）选好了工作之后，不管情况怎样都要做好艰苦奋斗一千天的心理准备，任何工作的前期都是辛苦的，都是需要沉淀的，都是付出大于收获的。另外我又要说那两句我已经说了无数次的话：第一，这个世界没有哪份工作是事少钱多离家近的；第二，只有在某个领域至少沉淀三年，才勉强算得上人才。

7. 树立正确的跳槽观

我有一个朋友，原本在公司的时候平平无奇，和大家领着一样的薪水干着同样的工作，一晃五年过去我原本以为他的人生也就这样了。结果出人意料的是，他在最近三年经过了两次跳槽之后，当前的薪酬是现今还在原公司同事的三倍。跳槽其实是薪酬大幅提升的重要途径之一，当然前提是你本身确实具备能力和价值，而且这是一次正确的跳槽。

那么，什么是正确的跳槽观呢？

我归纳了两点：

（1）不要因为当前企业的负面情况而选择跳槽。

跳槽可以有很多原因，比如老板小气，比如公司体制不健全，比如人事环境太复杂有争斗。但我想说的是，我们在选择跳槽的时候，应该尽量去考虑一些正面的东西，例如本次跳槽能带来多少薪资的增长，或者带给我一个更好的工作平台和晋升机会，而尽量少去考虑一些负面的东西，例如“我现在遇到的困难让我觉得快要崩溃了，我想逃离”之类。因为所谓的困难，在每家公司都会遇到，甚至可以说在很多公司都存在普遍性。假如我们仅仅为了避开困难而跳槽，我们怎么能担保这些困难在下一家公司不会出现？在入职之前，困难都是看不到的，而薪酬或者其他正面的东西，却是实实在在能够被掌握的。

（2）尽量做到跳高，而不是平跳或者跳水。

所谓跳高，就是去一家更好的企业或者担任一个更高的职务。

所谓平跳，就是跳槽后没有明显的高低变化。

所谓跳水，就是你在原企业做总监，跳到了一家水平相当的公司担任经理职务。

在职业生涯中，平跳会给人一种蹉跎的感觉，而跳水更会让人觉得你在走下坡路。除非有迫不得已的理由，否则与其选择平跳和跳水，为什么不选择继续留在原企业再努力一把呢？

8. 创业，创业

我是暨南大学创业实验室的第一届成员，上个月回学校参加实验室活动的时候，有位学生报的记者采访了我，她有一个问题是：请问你对于大学生创业怎么看？

我记得当时我的回答是：倒卖小商品，兜售上网卡，在学校附近开个小餐馆，弄个钟点旅馆这类事情，对于大学生来说我不认为是创业，顶多算是社会实践。因为这种活动，随便什么人都能做，堂堂大学生学了那么多的知识就捣鼓这个，怎么好意思说自己在创业？另外虽然很多人的心中都燃烧着熊熊的创业烈火，但很不客气地泼一盆冷水：迫于经验、资源、眼界等限制，大学生创业成功率极低。

在当天的活动中，实验室的创始人张耀辉教授列举了创业的几种类型。

（1）白手起家型。

白手起家型是其中最困难的，大学生创业恰恰就属于这一种。而我虽然属于创业的第三种类型，但我想推荐的是第二种类型——企业内创业。

（2）企业内创业。

那么什么是企业内创业？

举个简单的例子，诸葛亮是帮刘备打工的，但是在“蜀”这么一个大企业内，他拥有董事长对他的信任，以及想做什么都能去做的权限，请问他和自己创业当老板有什么区别？区别就在于他赚的钱没老板那么多，但企业要倒闭了他也没什么风险。

我想说的是，职业经理人这条道路，其实更适合绝大多数人。我曾经做过一次演讲，叫《老板都不是好东西》，题目看着浮夸但其实内容都是正能量。我们看得到的是老板们住别墅、开豪车、人前显贵，但我们看不到他们受的罪，没有强大的内心，无与伦比的抗压能力，敏锐的眼光和说做就做的执行力，“创业”二字提都不用提。对于绝大多数人来说，当有一天我们把公司的事业当成了自己的事业，我们开始影响老板的决策，或者借助公司的资源来实现自己的一些想法时，其实就已经等同于创业了，这个就是所谓的企业内创业。

（3）在企业积累足够经验和资源后再“下海”。

对于成功，我们不必着急；对于失败，不妨趁年轻多经历几次。今天我们所做的一切，在未来的某一天都会以某种形式反馈给我们，不管是好是坏。假如你现在选择了悠闲度日，将来就不要抱怨生活没有给予你足够的回报。所以在当前我们所做的每一个决定，每一次选择，关键在于是否能够承受这个决定在未来带给我们的结果。不要在意眼前的得失，因为我们的征途是未来的那片星辰大海。

关于越级上报，我和你想的并不一样

很多教你如何职业化的文章都会告诉你，越级上报是职场的大忌讳，事实真的如此吗？

中山大学国际金融学院的“门徒杯・职业梦丨职上云霄”职场挑战赛落下了帷幕，里面有一道职业测评题我印象非常深刻，大意如下：

小张在某个广告公司工作，有天他把一份非常有市场潜力的方案提交给了直属上司，然而直属上司并不理会，于是小张就把这份方案直接发给了公司总裁，请问你怎么看待这一件事？

对于多数人来说，这道题目简直就是送分题，回答不外乎就是“小张这种越级上报的行为不对，是绝对的职场禁忌”，“应该持之以恒地和上级领导进行沟通”云云。然而大家有没有考虑过，在这个事件里面，总裁的想法是怎样的？

诚然，假如我是一家层级观念非常强的企业，像这种越级上来的报告，我很有可能看都不会看一眼。就好像古代的明朝，不允许越级申述，你要是敢来，先打你五十大板。假如我是一家扁平化管理的公司，或者是一家创意导向型的公司，又或者是一家经常要对市场变化做出快速反应的公司，我才不管这份方案是通过什么渠道来到我桌上的。我关心的只是这份方案对公司有用还是没用，以及小张的领导是不是该换个位置了？

很多时候我们总以为上司就一定是厉害的，然而有时候上司只不过就是在企业“活了”比较长时间，又或者掌握了我们所不了解的一些信息而已。就好像假如你所掌握的信息是业务必须在销售底价以上接单，而上司却知道公司允许以销售底价的 0.98 来接单。在这种情况下，谁的成交概率更大不言而喻，这点和个人的能力一点关系都没有。所以，万一小张的直属上司是个妒才的人呢？这种情况下，小张还去继续和他沟通的话，有用吗？

1. 分析企业构造

回到原题，组织行为学会告诉你，越级上报是不对的，不仅影响组织效率，还影响个人职业生涯。然而我想告诉你的是，在回答这个问题之前，我们先来思考一下这家企业的价值观和实际情况会是怎么样的。

（1）假如公司是创意导向型企业，理论上企业组织应该会偏向于扁平。

（2）假如方案非常有市场潜力，这样的方案对企业是有用的。

（3）假如直属上司不理会，那说明他并不合格，因为对于管理者来说，指出下属的错误，帮助下属提高，本来就是不可推卸的责任。

（4）小张居然能够直接把方案发给总裁，说明总裁的联系方式是公开的，总裁想必也是乐意倾听基层声音的。

综上所述，小张把方案直接递交给了公司总裁，我认为 90% 的概率不会出现任何问题。当然对事不对人，完全没有必要主动告诉总裁“×××可能比较忙，所以他并没有对我这份方案做出指示”云云。

然而，题目毕竟只是题目，在现实中，多数公司都只是古代朝廷的复刻版。尤其对于职场新人来说，“简在帝心”的逆袭不常见，“做出一份非常有市场潜力的方案”本身更是一件低概率的事情。而且在保护自身和组织更好的两种选择中，一般人都倾向于选择保护自身。

2. 员工与企业的价值观

这个案例至少给了我们一个思路，那就是员工和企业的价值观是否一致，是一件非常重要的事情。假如公司是结果导向型的，那对事不对人，你有方案尽管往上提。就好像我的公司里有个小姑娘，中间和我隔着两层，星期天晚上 10 点多还给我发关于营销策划方案的邮件，不管是出于表现自我还是真的那么努力，我都不在意；然而假如公司是层层叠叠的金字塔结构型的，那是龙你给我盘着，是虎你给我卧着，尤其是职场新人，不要做不该做的事。

对于任何一家企业来说，雇用人才都是一项投资，就如同图 6 – 1 所示：

（1）初期企业的投入肯定要大于员工的产出。

（2）然而我们不知道，员工会不会在达到投入产出平衡点之前就选择离职。

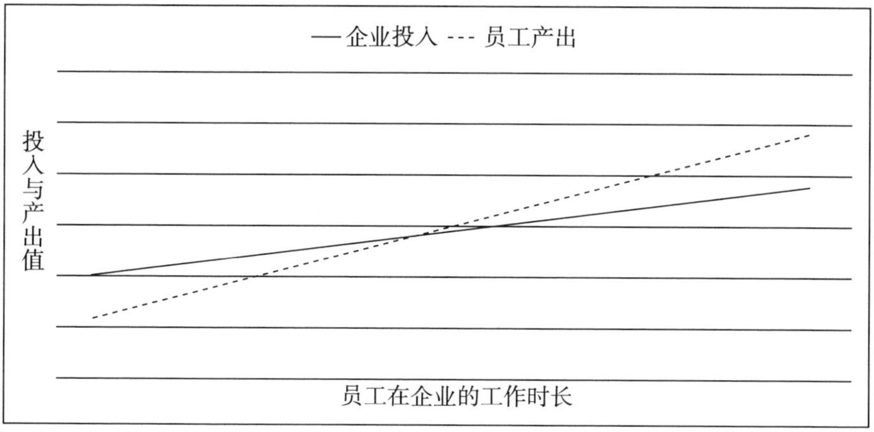

图 6 – 1

（3）我们更不知道，在达到投入产出平衡点之后，其比值会是一个什么样的数字。

3. 稳定的重要性

当然了，对于有些企业来说，投资人才也颇有些类似天使投资或者赌博、抄底。一旦慧眼识珠抓到了一只“妖股”，就算是之前搞砸了十来只垃圾股也无所谓；然而对于多数企业来说，看中的依然是长线持有的长期利益，因此稳定性就是一个非常重要的衡量因素。

稳定性真的是一个含义很深的词，这里面牵扯许许多多的东西。尤其是当前一大拨“90后”冲进职场，尽管不想给任何人贴标签，但他们确实在对待工作和生活上，比起“70后”和“80后”要明显随性一些，而且也会投入更多个人情感和兴趣爱好在里面。“公司不给开微信所以我想辞职”，又或者“失恋了我想辞职到世界去看看”，这种情况并不新鲜。对于企业来说，衡量企业和员工的价值观是否一致，是考量稳定性的最合理手段。

举个简单的例子，我相信大家普遍认为，一个有着丰富创业经历或者强烈创业欲望的人，会是职场里面的不稳定因素。因为我们都不知道，他会不会在某一天突然离我而去，甚至会带走企业的团队乃至客户，摇身一变成为公司的竞争对手。因此对于这类人，除非我们确信对方能够好好在职场沉淀下来，否则我们会倾向于不采用，尤其我们如果是“不求有功但求无过”的HR岗位的话。

确实，对于稳健型企业来说，这样的做法没有大错，然而对于必须“其疾如风、侵略如火”的创业型企业，又或者鼓励内创业的企业来说，创业型人才是最好的选择，没有之一。因为我们只要提供他们足够的后勤支持，以及合理的薪酬分配体系，他们会像狼一样，一口一口把敌人的肉给咬下来。

同样的道理，个人在选择企业的时候，也一定要根据企业和自己的实际情况来决定，不要某个大企业给你抛出橄榄枝就好像中了奖一样欣喜若狂，你需要去考虑自身与企业的契合度。例如我自己就曾经任职过一家纳斯达克上市的行业龙头，在城市的中央商务区上班，说出去都自带一种高大上的范儿，然而价值观的冲突让我每天都如坐针毡，到底有多难受就不为人道了。

因此我的看法一直是：在职场上，员工与企业没有绝对的好坏与对错，匹配才是最美好的。就好像骐骥跑得快，驽马跑得远，两者实际上没有什么可比性，关键就在于伯乐要的是速度还是路途罢了。

在其位，不仅谋其职

能够获得匹配职位的人是职场上的幸运儿，那么在这个职位上，我们该在什么时候做什么事呢？

1. 在其位，谋其职

2009 年的时候，我对“在其位，谋其职”这句话有了深刻感悟。当时工厂极端混乱的管理模式让我们每天都生活在水深火热之中。一方面每天战战兢兢地打开邮箱应对客户们的催促和指责，一方面又得想方设法协调工厂内部的生产和交货，神经就像是一根拉得快要绷断的橡皮筋。一天收到了客户的一封大字号、红颜色、加粗大写的咆哮体邮件，我彻底崩溃了。在各种无奈、愤怒、焦虑的心情交织下，我给客户回了一封邮件，大意就是“又不是我的错你整天催我干什么，我们工厂一片混乱但这不是我能控制的，我一天打几十个电话催工厂但就是没办法”之类。五分钟后领导把我叫到他办公室，拍着桌子说：“我知道工厂最近有问题，你也很辛苦，但发出一封这样的邮件就是你的错，在其位谋其职。只要你还在公司一天，就有义务维护公司形象和帮客户解决问题。”这段时间领导压力也很大，没说“爱做做，不做滚”已经是很关照我了。于是我沉默，回到电脑前给客户发了一封邮件说很抱歉，刚才我情绪激动了，我一定尽力帮你解决好问题。

这就是在其位谋其职。若干年后再次回想这件事的时候，我真心觉得当初发这样一封邮件是件很幼稚的事情。单是我接的，货期是我承诺的，不能交货也是我说的，这个时候客户不找我找谁？在客户的眼中，工厂就是我，我就是工厂，妄图割裂关系就像是想推卸责任一样。就好像去年有一次供应商出问题了，对方业务居然回答我说这件事他处理不了让我直接找他老板谈，一样让人感到愤怒。

最近我对这一句话，有了另一个角度的理解。

事情是这样的：有个人对我说他之前一直从事销售主管的职位，最近要跳槽面试另一家公司的销售总监，让我给点建议。我突然就想到了一个问题：公司要晋升某员工或招聘某职位（例如销售总监）的时候，优先考虑的自然是员工是否能够胜任总监这个职务。但假如该员工一直都在做主管的工作，公司该如何看到（或者员工该如何让公司看到）他能够胜任这份新的工作，或者至少有能够胜任这份新工作的潜力？

2. 在其位，不仅谋其职

我年轻时候喜欢跟着领导去见客户，去观察和学习遇到某一件事情的时候领导是怎么做的，再结合我自己的想法去探索领导这么做的原因到底是什么；公司出台一项新政策的时候，我会尝试站在公司的角度去研究这项政策的背后是否有什么隐藏的用意，甚至会找机会和领导沟通探讨；同事工作上遇到难题的时候，能帮的我尽量帮，不能帮的出出点子也好；团队出现状况的时候，我会试着给领导提建议，尽管这些建议在领导眼中可能会显得幼稚和可笑。

大家或多或少都会有这样的想法，那就是“做好分内工作就可以了”或者“老板就给这么多钱那我就只干这么多活”。作为一名销售，我的工作就是拿单，如上所说的一切和职责无关，公司运营得好坏与我无关。只要我有订单，我就是销售之王，我可以不看领导脸色做人，我可以任意迟到早退。但我还是做了这么多，因为我想让公司看到我有承担更多责任的愿望，更重要的是，我有胜任更高工作岗位的能力：

我关心公司发展，是因为我把公司当家。

我积极努力学习，是因为我想向领导靠拢。

我热心帮助同事，是为了促进团队共同发展。

我遵守公司纪律，是为了不影响团队的凝聚力。

这样的话，领导不提拔我提拔谁？

当然，这样做的前提是我已经把本职工作都做好了，否则我的销售业绩很烂还整天操着 CEO 的心，还是趁早辞职比较合适。

从这个角度看，对于职场人来说，“在其位谋其职”实际上是一种不思进取，是一种“各人自扫门前雪”的懒惰，是一种坐等时代发展我自岿然不动的不切实际空想。

第一，在其位，谋其职；

第二，在其位，不仅谋其职。

送给有“野心”的职场人。

第三节 行业和企业的抉择

当我毅然从第一家公司辞职的时候，我有两个非常“深刻”的想法：

（1）坚决不再投身行业地位低的企业，下一份工作一定要找行业老大。再也受不了客户一听到我公司名字就嘴角一撇口称“不好意思我只听说过×××”，然后我就得费尽心思跟客户解释，“人家×××虽然是行业第一，但我司好歹也是行业前十”，虽然整个行业当时也就只有十几家企业。

（2）坚决不再投身劳动密集型的行业，下一份工作一定要是高尖新的产品，一定要是朝阳领域，每天的工作就是坐在办公室等着客户主动上门要我们多卖他们几个货柜，加价提货也在所不惜。

光环背后的黯然

我想我是幸运的，短短十几天就找了一份互联网领域行业老大的工作。公司大名无人不知无人不晓，办公室身处绝对的中央商务区。就连老板和我们开会第一句话也是“你知道我们公司今天在纳斯达克的股价是多少吗”，瞬间觉得自己跻身上流社会，化身高端人士。尽管底薪只有区区 1 500 元，但我意气风发，自觉前途远大，一年买房两年买车三年娶媳妇指日可待。

优越感持续不了多长，光环的背后隐藏着阴影。我越工作越别扭，越怀疑当初的选择。于是3个月后我黯然离职走人，走的时候还收到主管的短信说她“看着我离去的背影眼泪止不住地流下来”。在之后的一年内，我不停地追求“更好”，不停做选择的同时也在不停地放弃，整整经历了六个行业六家公司。直到我回归最初的公司之后，我才渐渐地实现了买房买车娶媳妇的人生三部曲。至于公司属于夕阳领域？谁在乎，每年老板都在喊亏损，但哪年不是在扩大产能和规模呢？

关于行业与企业的抉择你最关心的几个问题

关于行业与企业的抉择，我想我是有发言权的，在经历了这么多次的失败之后。

综合一下小伙伴们问得最多的几个问题：

1. 外贸现在好做吗

外贸现在相比从前自然是差多了，但天底下就没有“钱多事少离家近”的工作，任何工种都有可能造就亿万富翁，也有可能量产路边冻死骨，外贸行业也是如此。是否投身外贸，你需要考虑的不是这个领域好不好做，而是你适合不适合。衡量一个人是否适合做外贸，作为我个人的眼光，依次如下：

（1）良好的沟通能力——不仅指是否懂英语，能说话和懂沟通，那是两码事。

（2）吃苦耐劳的精神——公司强制加班的话不是好事，但作为销售是需要自觉加班的。

（3）能沉淀下来的心态——销售是先苦后甜的工种，要做好三年家里没余粮的心理准备。

至于其他的专业技能都是次要的，都是可以学的，懂不懂 FOB 和你适不适合做外贸，一点关系都没有。

2. 什么行业才是好行业，什么企业才是好企业

行业和企业是一个互联的关系，和个人的职业阶段也有很大的关联，任何分离考虑都是不理性的。

（1）假如你是外贸新人，做什么行业和你没多大关系，一个较有规模的企业才是更适合你的，这会给你以后的职业生涯提供一个良好的背书。

（2）不要过分迷信名企光环和行业浪潮，一看到这些企业向你招手就一头冲了进去。任何企业都有各种问题，即使他有个名字叫“行业第一”。行业也是这个道理，关键在于我们是否能够容忍和接受得了这些问题。

（3）很多问题在我们靠近之前是发现不了的，这个无法控制，那么我们需要确定的就是我们想要的东西，企业是否可以给？我之前就常常和朋友们说，对于企业，我们一定要去考量下面这几点：

企业本身是否有发展前景？

企业能否给员工提供发展平台？

企业同工种的平均工资水平如何？

上司们大概收入多少，开什么车，住什么房？

这些问题，我们都可以通过询问，通过观察，在入职之前得到答案。

（4）夕阳行业不一定就没有好企业，更何况这个“夕阳”可能是你自认为的而已。根据我的经验，在家电这个“夕阳行业”，在有一定规模的企业，其员工收入大概情况是这样的：

应届毕业生：底薪2K~3K。

业务员（1年工作经验）：年收入约3W~6W。

业务主管（3年工作经验）：年收入约5W~8W。

业务经理（5年工作经验）：年收入约10W~20W。

高级业务经理（8年工作经验）：年收入约15W~40W。

业务总监（10年工作经验）：年收入约25W~60W。

业务副总：年收入约50W~120W。

业务总经理：年收入约100W~200W。

（5）给高工资的企业不一定就是好企业，为什么？我有一个朋友，原先工资4K不到，跳槽之后翻倍到8K，但不到一个月就辞职了。他说实在受不了，办公室政治太多，员工流动性太大，一个年营业额5亿元的公司老板连买哪种颜色的垃圾桶都要插手。最终他去了一家工资没那么高的企业，却过得如鱼得水每天都在朋友圈里炫耀幸福，要么公司送花，要么同事送蛋糕。通过这个故事我想说不要被高工资迷花了眼，一份好的工作不仅只有工资这一部分，再高的工资也得看你最终能拿多久。

3. 工厂和贸易公司，其实没那么难选择

（1）对于外贸新人来说，不要管对方是工厂还是贸易公司，要看对方的规模和发展状况。

（2）不管是工厂还是贸易公司，假如对方是新做外贸的，甚至在你之前都没有人负责外贸的话，这种企业一定要慎重，除非你是expert，否则结局在一开始就已经注定了。

（3）由于成本的压缩，许多客户都在渐渐往终端供应链靠拢，工厂在这方面具备贸易公司无法比拟的优势，但同时也容易有产品多样化不足的缺陷，虽说很多贸易公司现在都假装自己是工厂，但工厂也一样假装自己是拥有很多产品的工厂。除非是具备核心价值的贸易公司，除非贸易公司和供应工厂关系够铁，否则在同等条件下，我建议优先考虑工厂。

（4）所谓“外贸公司更锻炼人”的说法并不存在，在满眼都是火坑的情况下，每个公司都很锻炼人。不过需要警惕的是，假如公司绝大多数的业务都是老板一个人拉来的，这种公司你想锻炼都没可能，因为你注定会是一个挂着销售头衔的跟单，除非你本意就是做跟单。

第四节　简历不简

作为找工作的敲门砖，简历是很重要的，关系到是否有面试的机会，关系到面试官对你的第一印象。

但正如开拓客户一样，我们有时候会闹不清真正的“客户”是谁，而只是一味追着采购专员；又或者搞不懂客户的需求是什么，仅停留在盲目推销自己产品的阶段。找工作的道理也是这样，当我们在设计简历的时候，首先需要考虑的是，在不同的阶段，这份简历到底是谁在看，站在对方的角度，这份简历又是否能够引起对方的兴趣?

让我们从三个方面，来分析自己的简历。

简历的格式

1. 千万不要太花哨

现在的简历格式可谓五花八门，有 EORD、EXCEL、PPT 的，还有视频的，等等。但从传统意义上来说，我认为简历一般分两种格式，一种是招聘平台上的标准格式，一种是自己设计的非标准格式。很多人看不起招聘平台上的标准格式，觉得这样没有特色，宁可花时间做自己的文档简历也不愿意完善平台上标准格式的简历，但这种想法是大错特错的。因为当某家公司在做招聘的时候，往往做第一步简历筛选的是招聘专员，他的任务就是根据岗位描述，将符合关键要求的简历保留到下一个阶段。你可以想象当他每天要浏览几百份简历的时候，他就不可能会看得很详细而只会将眼光放在关键点。在这个时候，标准化的简历能够帮助他迅速准确的定位所需信息，而非标准的简历除非真的让人赏心悦目，否则只会增加对方的烦躁值从而在不经意中落马，而且非标准简历有时候会漏掉一些你自以为不重要但实际上对方看重的内容，这也是为什么许多公司在面试的时候，会要求再填写一份他们标准格式的简历。

因此我个人的建议是：初始投简历的时候，即使是通过邮箱投递，也建议采用知名招聘平台的格式。自己设计的非标准格式简历，可以稍后再投一次加深对方印象，或者在面试的时候带上，找机会放在面试官面前，说“您看看，这是我做的 PPT 简历”。虽然每个人都会写“熟练掌握 OFFICE 软件”，但这足以证明你不是在吹牛。

2. 英文简历重要，但也不重要

除去外企不谈，现在许多国内企业在招聘非英文岗位的时候都要求有英文简历，似乎这样就能上升好几个档次似的，所以它重要。但实际上没有几个人会真的去详细琢磨你的英文简历，平时工作就已经满是英文了，有中文简历为什么还要费劲去看英文简历？还是一堆不查字典就看不懂的高深词汇。所以说，英文简历有就行，但不需要在简历上炫耀你的英文水平，不需要去琢磨写 excellent 还是 very good 哪个更能彰显出隐藏的韵味。英文简历写得再花团锦簇，如果一面试你连 how are you 都说得结结巴巴的话，反而不好。

简历的内容

1. 照片

这个是被许多人忽视的关键点，只要不是长得很对不起人民群众，都建议把照片给附上。帅哥美女就更不用说了，我以前的老总就特别喜欢招美女，说“能力差点无所谓，公司可以培养，但整容就不在公司业务范围内了”云云，见客户的时候带上，介绍说这是我的助理，客户都会竖起大拇指说“贵司人杰地灵”，感觉倍有面子。而像我们这种长得普通的，不用 PS 过多，也不一定用大头证件照，只要照片拍得五官端正就可以，这是招聘员对你的第一印象。眼缘这回事，真的很难解释。

2. 目标岗位

有些人毕业三年就敢写目标岗位“销售总监”，看到的人第一反应就会觉得这是一个笑话；有些人目标岗位写“销售经理/销售业务员/销售助理”，这就是定位不明确，感觉给个清洁工岗位都会干的样子。目标岗位一定要明确，要符合自己的现实情况。假如我毕业三年，我觉得能够胜任销售经理的职位，我就直接写上去，至于面试的时候假如面试官觉得没有相关经验，可能从销售业务员做起更加适合，那是另外一回事。

3. 目标薪酬

很多人不敢写目标薪酬，怕写少了自己吃亏，写多了吓跑公司，犹豫了许久才终于写了一个“面议”，其实没有必要。假如你的心理底线是5 000元，但招聘公司最多只能给4 000元，那叫你去面试纯属浪费双方时间；而且就算你写少了，公司通常是有制度的，不同级别的工资范围都是规定好的，一个销售经理职位不可能你写500元就真的只给你500元。

因此我的建议是：（1）根据实际情况和心理预期，写一个大概范围，例如5K～6K，让招聘方首先心里有数，了解这个人是否在预算范围内，之后根据面试情况有需要再做调整。（2）实在无从下笔的，写一个往年平均收入供对方参考，例如10W。

4. 工作经历

这是最重点的一个环节，是招聘方了解你的最关键信息，但很多人将工作经历写成了流水账，如××年到××年在××公司就任××岗位。这样写是不行的，对于招聘方来说，工作经历最关键是要看几个点：

（1）职业轨迹。是否曾在相关行业/公司担任相关职务；跳槽是否都是良性的，也就是说是否跳槽都取得了职位上的提升；职业线稳不稳，也就是说是否经常跳槽，等等。

（2）工作成绩。这个是最重要的，一个合格的人才，在不同阶段不同岗位都必须取得不同的成绩，尤其对于销售职位，开发了多少客户，取得了多少订单，为公司带来了多少利润，这些以往的成绩才是新东家最关注的东西，否则凭什么给你面试机会？凭什么答应你的薪酬要求？

对于工作经历，突出成绩才是重中之重。有些人可能会问：我并没有取得什么骄人的成绩怎么办？

简历的美化

这里说的美化不是形式上的美化而是内容上的美化，做简历好比化妆，让美的更美，丑的没那么丑。所以在某些不是太关键的地方，适当采用一些春秋笔法是很有必要的，当然也不能写得太过火。例如你原本只是略懂西班牙语，你就不能用“精通”或者“熟练掌握”等类似的词。让我们来看看一份简历有哪些地方是可以或者说是值得美化的。

1. 工作年限

假如你是2011年6月份正式毕业的，工作年限是2年零8个月，这个时候不妨把实习的时间也算上去，凑足3年，因为3年算得上职业轨迹中的一个重要时间节点，稍微四舍五入一下，无伤大雅。

2. 职业经历

职业经历有三大硬伤，一个是职位无提升，一个是跳槽太频繁，一个是空窗期过长。很多人都有这样的情况，随便碰到哪一个都难免遭到招聘方的质疑。虽然实际情况可能真的是能力有限，或者嫌老板给的工资低，或者too young too naive，但为了今后的职业路，在写简历和在面试的时候，我们都必须给一个能够让对方接受的理由而不是让对方看到你的硬伤。这个理由要尽量客观不以人力为转移，例如跳槽频繁是因为公司倒闭或业务转移，空窗期长是去了做义工之类；或者勇敢地承认事实但表示这已经是过往，例如跳槽太频繁的人，假如加上一句“我承认过往太年轻，心太浮躁，痛定思痛决定在下一个岗位好好沉淀”，给人的感觉就会不一样。

3. 工作成绩

大多数人都是平凡的，没有多少惊天动地的成绩，每天的工作可能就是打酱油或者鸡毛蒜皮的小事，这可能就是很多人选择不写的原因，但很不幸招聘方就是要看这个，怎么办？我们就得学会在鸡毛蒜皮中提炼亮点。

例如你的职位是销售助理，每天的工作就是帮业务员跟单，那么你可以这么写：

“在 2013 年顺利维护来自全球 × × 个客户 × × 数量订单的下单和出货，全年无事故无投诉，客户满意度达 × ×%，被公司评为优秀员工”云云。

假如你的职位是销售业务，但并没有取得什么订单，那么你从另一个侧面来写：

“在 2013 年通过参展和市场拜访，对 × × 这个新兴市场有了充分的理解，收获大货订单 × ×，样品订单 × ×，对在 2014 大力开拓 × × 市场做好了充分的准备，预计实现 × × 的订单”云云。

不过再次提醒注意，这只是美化，是基于现实情况的修饰，是让对方更容易发现自己，无中生有我是不提倡的。

这就是简历，是我们找工作的敲门砖，虽然只有短短的一两页纸，但蕴含着和销售一样的道理，那就是“换位思考”。不管怎样，简历始终只是简历，要在职场这条道路上越走越远，首先需要的还是自身能力的不断提高，只有这样，你的简历才会呈现出最让人赏心悦目的一面。

最后提一句，离职有风险，跳槽需谨慎。

第五节　职业规划与职业化特点

六大职场人普遍缺失的职业化特点

1. 普遍缺失的职业化

进入职场，你以为你就职业化了吗？

或许你会觉得奇怪，作为一个职场人，为什么会连貌似最基本的职业化都不具备呢？我来举个简单的例子。这是一个故事，有一个25年工作经验的人去找老板要求涨薪，老板不同意。这个人觉得很不可理喻，说我在你这里干了25年，有丰富的工作经验你不给我涨薪，反而给那些工作了三五年的人涨薪，到底是什么意思？老板回答说：你不是有25年的工作经验，而是一套工作经验用了25年。

2. 两套评价体系

我一直都说大学实际上只是打基础的，毕业后参加工作才是学习的真正开始。然而对于许多人来说，尤其是进了政府单位、国家事业单位的人来说，我们会发现有时候看一眼对方，基本就能判断对方这一辈子会是怎样的一个人。不管你当初读的是什么学校，学的是什么专业，因为他们实际上缺乏独立思考和持续进步的能力。

在这个社会上，存在两套评价人的标准，一套按照学校，一套按照能力（图片来自知乎大神曾加）。按照“学校”来评价人的标准（称为A标准）如图6－1。

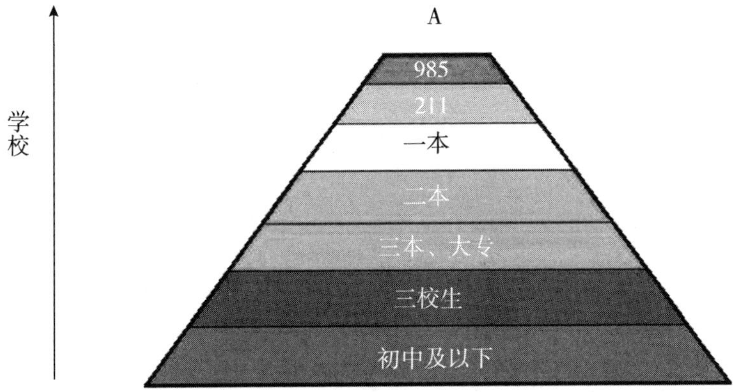

图 6－1

大家可以看到，学校越好评价越高，然而这套标准一般会用于判断应届毕业生。

而在按照“能力”来评价人的标准（称为 B 标准）中，学校的分布如图 6－2。

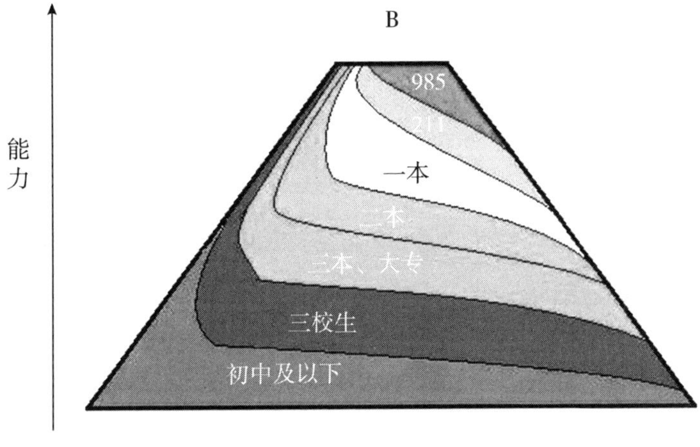

图 6－2

大家可以发现两个很有意思的点：

（1）不管哪个学历层面的人，都有可能达到食物链的顶端，这个和个人的实际情况有关系。

（2）再差的“985”学校毕业的人，其能力都要高于二本学校毕业的人的平均能力。也就是说，学历其实决定了能力的下限。为什么这么说？因为大学录取本身就是一次筛选的过程，并不是好大学毕业的人就一定能力强，而是能力本来就比较强的人会更容易进入好的大学。

社会上曾经流行过一种读书无用论，老喜欢举比尔·盖茨从哈佛大学退学的例子，又或者李嘉诚只有小学学历的例子。但实际上会流传或者相信这种例子的人都在片面地看待问题，因为他们只看到了这种极端的例子，而忽略了其他千千万万只有小学学历的人到底在过着一种什么样的生活，这个就是所谓的“幸存者偏差”理论。而实际上从数据显示，不管是就业率还是社会贡献率，高学历的人往往都要高于低学历的人。

不知道大家有没有听过这么一个段子，说“学历就像是一张火车票，博士是软卧，硕士是软座，本科是硬座，专科是站票。火车到站，所有人都下车找工作，此时才发现老板并不太关心你是怎么来的，只关心你会干什么”。

例如我之前任职的500强企业，加拿大海归的同事，他们的基本工资，仅比本科毕业的人多了200块钱而已。因为在公司看来，所有的员工实际上都只分为两类：有用的和没用的。

有用的员工，公司要考虑怎么变得更有用；没用的员工，公司要考虑怎么把他扫地出门。不能怪这种想法过于现实，公司毕竟只是个商业集合体。所以，作为老板，投资回报率是一个必须考虑的重要因素。例如：你的基本工资是10 000元/月，你的提成系数是3%，公司毛利率是20%，那么你至少要带来多少销量的订单才能使公司在你身上的投入实现收支平衡？

$X \times 0.2 = 10\ 000 + X \times 0.03$，$X = 58\ 823.53$ 元。

这个58 823.53元，就是你必须为公司创造的最小值。而这就是人们普遍缺乏的第一个职业化特点：不懂得用投资回报率去剖析自身的价值。

1. 不懂得用投资回报率剖析自身的价值

投资回报率是一种非常基础的商业素养，具体定义我就不说了。举个简单的例子，请问大家一个问题：有没有算过从小学到大学本科，父母在教育上的投入大概是多少钱？我们毕业后的工作月薪要至少维持在哪个水平，才能够在扣除日常开支后维持一个正常的“投资回报率”，以便我们能够在多少年以后收回曾经的教育投入？又或者说，当我们面临着考研究生还是就业这个选择时，有没有考虑假如我们选择考研的话，这部分额外的教育投入会不会在未来带来更高的月薪盈余，也就是说更高的一个投资回报率？

再举一个例子，我的师父曾经给我讲过这么一个故事。

公司的某个中高层有一天跟他说：老板，我最近刚刚结婚，又买了房子，经济比较困难，能不能给我涨点工资？

钱不够花了，所以想涨工资，听上去似乎合情合理。就好像我毕业时候找工作，企业问我为什么要求这个薪金。我说扣除基本的房租、水电、饮食、应酬，我就需要这个价格。

然而我师父的回答是：假如你经济有困难，我私人可以借钱给你。但是涨工资不行，因为公司是个商业集合体，涨工资的唯一理由，就是你给公司创造了更多的价值。

通过这几个例子，不知道大家是否明白，对于企业来说，雇用任何一名员工都是一种投资，他是要看结果的，他是有一个投资回报率指标要求的，然而很多人根本就没有这种意识。因此以后你们在面试要求薪金或者工作要求涨薪的时候，我建议你们把投资回报率给算出来，又或者直接摆出来给企业看。这样既可以帮助大家更好地认清自身的价值，又能够让企业知道，其实你们已经具备了多数职场人不具备的商业素养。

2. 不懂得换位思考

说到这里，刚好可以带出多数职场人不具备的第二个职业化特点：不懂得换位思考。

基于本身立场和利益的不同，不同人看待同一件事情的角度是不一样的，例如我职业生涯的前半段是销售岗位，后半段是采购岗位，那么同一个国际贸易流程，我从采购岗位看到的东西和从销售岗位看到东西就是完全不一样的。然而这种看上去很简单的事情，在实际工作中却往往被人忽略。举个最简单的例子，假如我是一名销售人员，我需要发一些公司和产品的照片给客户，我拍照之后的文件如图 6－3 所示。

然而假如我就直接将这些文件作为附件发给客户的话，请问一下：当客户打开这封邮件时，客户怎么知道这里的每一个文件对应的是什么照片？又或者说，假如客户需要将这些照片存档，难道他不用重新来命名它们以便日后查询吗？

这样等于我将原本应该属于我的工作，推到了客户头上。所以假如是我，我会以这种格式来对这些文件命名：

91862822402331589.jpg
120757858367557690.jpg
192573717226935872.jpg
209689342554683419.jpg
220308916307501854.jpg
397340923267406579.jpg
409494613981430206.jpg
452652579287357595.jpg
519484854714031295.jpg
564521661365580362.jpg
602865345921152573.jpg
606113911501908165.jpg
651201408948169260.jpg
663962162310922666.jpg
823914038520107529.jpg

图 6 – 3

× ×公司× ×产品照片 1. jpg

× ×公司× ×产品照片 2. jpg

× ×公司展厅照片 1. jpg

× ×公司工厂照片 2. jpg

这就是一种换位思考。毕竟我们身在职场，总归是要跟人打交道的，假如我们学不会换位思考，不懂得多维度地去看待同一个问题，我们很容易发现很多时候我们的努力都只是一种自我遐想，完全达不到应该有的效果。

3. 永远没有 Plan B

第三个职场人普遍缺失的职业化特点：永远没有 Plan B。

有一句话大家肯定听过，叫计划没有变化快。事实上当我们在计划工作的时候，我们一定要多问自己一个问题：假如结果不如计划，或者计划发生变化，我该怎么办？举个简单的例子，有一天你需要陪同领导去做一次演讲，你提前把演讲 PPT 拷进了 U 盘，结果到会场的时候突然发现，没有办法把 U 盘拷进演讲电脑，这个时候该怎么办？随着演讲时间一分分逼近，这种压迫感会让人失去平时的工作水准，很有可能会搞砸整场准备工作。但假如你能够提前预测到这一点，除了 U 盘之外，你还将 PPT 上传到云端，甚至把电脑也带过去以作不时之需，同时把 PPT 打印出来。就算最终没有办法做演示，也不至于让领导完全脱稿演讲，结果就会完全不一样。

而且，大家不要觉得事故是个小概率的事件，没有那么多巧合发生。事故之所以成为事故，就是一连串巧合的重合。再跟大家举一个例子，几个月前我需要开一次线上讲座，结果非常巧合的是，那天我妻子病了，我儿子也病了，我忙得一塌糊涂。等折腾完回到家准备开始演讲的时候，我发现我的大脑就跟糨糊似的，什么语言都组织不起来，怎么办？很简单，打开电脑，把演讲稿调出来，照着读就是了。因为我是一个非常谨慎的人，无论做什么事情我都会去考虑最坏的结果。所以但凡是正规的演讲场合，我都会准备演讲稿，而不单纯依靠自己的大脑。墨菲定律讲：如果事情有变坏的可能，不管这种可能有多小，它总会发生。所以我们在工作的时候，就一定要做好最坏的打算，最全的准备，不光要有 Plan B，还需要有 Plan C、Plan D，等等。

4. 不以结果作为导向

第四个职场人普遍缺失的职业化特点是不以结果作为导向。

有一句话叫“在其位谋其职”，但我认为“在其位谋其职”说好听点叫做好自己，说不好听点却是一种“各人自扫门前雪”的懒惰。为什么？举个简单的例子，我曾经所在的500强公司，内部管理非常混乱，销售接到订单之后才是噩梦真正的开始。因为这个时候，计划的、生产的、采购的、技术的、物流的、财务的，各个部门都会出问题，为了能够顺利出货你会疲于奔命，而且见到谁你都得亲热地套近乎，为的就是兄弟部门的配合。但是兄弟部门的配合度为什么会那么差？因为他们是没有客户服务意识的，也并没有以按时按质出货这个最终结果来引导自己的工作。他们只会觉得订单怎么那么多，烦死了，而没有考虑到，一旦客户跑了，订单没了，谁给他们开工资？

所以在我们的日常工作中，一定要学会以结果作为导向来引导自己的工作。并不是你做了工作就完成了，而是必须要结果，这个结果还需要是预计中的结果才算工作完成。我们公司有个小伙子曾经因为这件事情被我批评。事情是这样的，我们公司有个协同任务系统，有一次这个小伙子的任务是给三个潜在大客户打电话确认合作事宜，当天晚上我就收到系统通知说任务完成。我心想这小伙子效率还挺高，但打开一看鼻子差点没被气歪，因为上面写着A客户通过电话找到了，B客户一直找不到人，C客户的电话号码有误，这样也能算任务完成了吗？找不到B客户，那就继续找，C客户电话号码错了，那就找到对的，毕竟我们需要的结果是和客户确认合作事宜，而不仅仅是打个电话。那么我们所有的工作就必须围绕着这个结果来，没有结果就不算工作完成了。

5. 缺乏精准沟通的能力

第五个职场普遍缺失的职业化特点是缺乏精准沟通的能力。

说到以结果作为导向，我们就不得不提沟通能力。在我们公司，沟通能力是个很重要的指标，因为我认为，绝大多数的问题都是由于沟通不善造成的。沟通主要包含了接收与表达，下面我主要来谈一谈表达。

在我看来，良好的沟通一定要考虑如下三点要素：

（1）沟通的对象。比如对方是成年人还是小孩子？高学历还是低学历？

（2）沟通的目的。比如这次沟通你到底想达到什么结果？当然最初级的结果就是对方正确理解了你想表达的意思。

（3）沟通的方式。比如是用文字还是画面？动态还是静态？线上还是线下？

简单来说，就是用什么方式跟什么人沟通以达到怎样的结果。

然而很多时候我们发现，说话没有办法说到点，或者不懂得用简单准确的方式让受众理解你想表达的内容，是个普遍存在的问题。举个例子，曾经有一次我让同事给我说明一下公司应该缴纳的税收，结果他花了一个下午的时间，给我发了一封几千字的邮件，我很感激他工作的认真程度，但这本来是一件用一个 EXCEL 表格搭配几个公式就能够说清楚的事情，为什么非得表现得这么复杂呢？毕竟我是老板而不是财务，我所需要知道的并不是一个财务知识的科普而仅仅是当公司卖了这么多货物之后应该缴纳什么税种以及分别是多少钱而已。

所以当我们每次进行沟通的时候，都请思考一下对象是谁？目的是什么？我该采用何种方式？

6. 没有全局观

第六个职场普遍缺失的职业化特点是没有全局观。

什么是全局观？举个例子说明：

像我们小时候玩的游戏“吃豆人”，当我们站在上帝视角的时候，哪里有豆吃，哪里有小怪兽，哪里是活路，哪里是死胡同都一清二楚。

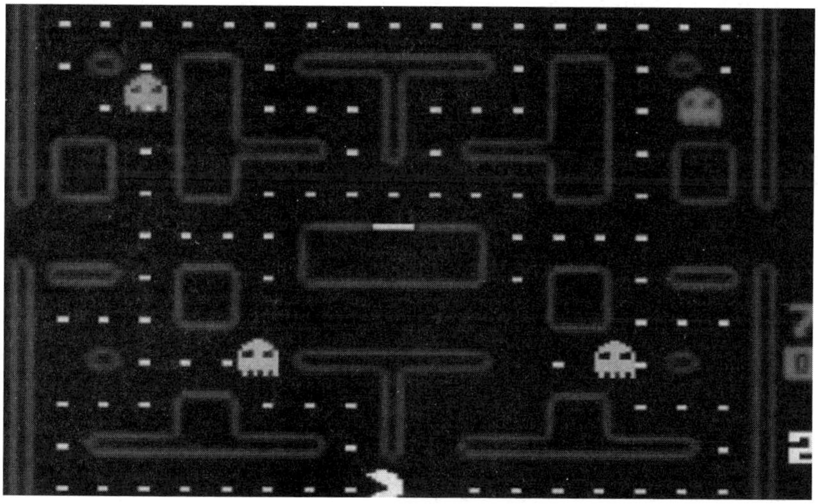

图 6 –4

而当我们站在第一视角的时候，往往就会为了躲避身后的怪兽而疲于奔命，甚至一不小心就会走进死胡同。

那么，怎么培养大局观呢？

我的看法是：

（1）遇事多想想。你说的每一句话，做的每一件事，以及每一次决定会产生什么影响或者后果，你又将如何应对这些影响或后果。

（2）学会分清事情孰轻孰重，在两难的时候，要懂得放弃小利益保全大利益。

（3）事物都是动态变化的，没有什么一剑破万法的招式，学会去揣摩事物的发展规律以及抓住主要矛盾。

（4）目标性要非常明确，本阶段的工作和预计要实现的目标要为下一阶段目标做铺垫。

以上就是我认为的职场人普遍缺失的六大职业化特点，当然除了这六条之外还有很多，但只要掌握这六条，已经足够让你赢在职场的起跑线上。

外贸职场前十年经历的五个阶段

当我们正式跨进外贸这个领域的时候，就要开始规划自己的职业生涯了。

结合我自身的经历，我认为职场前十年可以分为五个阶段。

1. 起步期

我一毕业就进入了一家大企业工作。

曾经在微博上有这么一个讨论：人生的第一份工作，应该选择大公司还是小公司？

大公司体制健全，平台大，但晋升速度慢，竞争激烈；而小公司灵活，比较个性化管理，容易上位。

从我个人的角度，因为我自己所在的公司也是家小公司，理论上我应该鼓励大家去小公司。但凭良心，我还是建议在有选择的情况下，第一份工作尽量选择具备一定规模的公司。因为在起步期，我们最需要的不是薪酬，而是成长的机会。大公司能提供的成长机会，远远超过了小公司，当我们在大公司经历更多的历练后，再去小公司会更加得心应手。可能有些人会有这么一个想法，说大公司培养专才，小公司培养全才，但我想说的是，目前这个社会的分工是非常明确的，只要我们在最适合自己的领域尽量做到专精，其他的领域我们完全可以外包给别人去做，全才有时候意味着庸才，而大公司能带给我们的，除了成长机会之外，更多的还是眼界的拓展。例如在大公司，我可能有和外国领事吃饭的机会，可能会有派驻国外建立分公司的机会，这种机会，小公司很难提供得了。

2. 迷惘期

在工作一年多的时候，我进入了迷惘期，这个阶段最明显的特点是：

（1）找不到工作和人生的方向，但又不知道应该怎么做才好。

（2）不知道自己想要的是什么，或者开始感到收获和付出不成正比。

（3）心态开始浮躁，想法开始变多，开始渴望快速成功。

这个阶段最常见的表现就是：想换工作，或者不停地换工作。

我在这个阶段的时候，短短一年多的时间，换过了 5 份工作，还有一次失败的创业。有时候回忆起来，说这是我人生最黑暗的一个阶段都不过分，我感到万分沮丧，并且开始怀疑人生。

例如我曾经在前程无忧工作，岗位号称采购顾问，但其实就是卖广告的。每天的工作就是打电话给不同公司的 HR，然后和对方就一个价值 400 元的招聘广告讨价还价。你想想，我以前从事家电行业的时候，每个货柜至少都是 30 多万元，现在却要为了几块钱、几十块钱和对方争来争去，这种心理落差是非常大的。有时候我都想跟客户说要什么折扣啊，就算给你折扣也不过节省几十块钱，赶紧把单下了，这点钱我给你补了。当然，这样做是不对的，大家不要学。

有一天，同事要去拜访一个老板是外国人的贸易公司，但是她英语不行，就把我拉上帮她一起见客户。在和客户见面的一瞬间，我突然感到一种久违的莫名其妙的亲切感。这种亲切感不是因为对方是我失散多年的同父异母兄弟之类的，而是在于“和外国客户谈判”本身。在那一瞬间，我充分地认识到，原来我最拿手的领域是外贸，原来外贸已经在我的灵魂中打下了一个深深的烙印。不过仅仅顿悟并没有什么用，我当时还年轻，觉得像我这种天才，在任何领域都能节节高升，所以我没有立刻回到外贸领域，而是选择了继续迷惘下去，直到一年之后，在原先老东家的建议下，我才回到了最初的公司。

说到如何走出迷惘期，我个人有几点建议：

（1）一定要弄清楚自己最适合做的是什么。

（2）一定要搞清楚自己想要的是什么。

（3）迷惘期很容易让人退回起步期。例如我们现在做的是外贸，突然转业去做招聘，就等于回到了起步期。做了一年招聘之后觉得还是销售有挑战性就跑去做内销，又回到了起步期。换工作不可怕，最可怕的是不停换领域，这是职业生涯的大忌。

（4）心态一定要放稳，成功是需要沉淀的，一步登天这种事情很难发生。

3. 沉淀期

回到老东家，并不意味着我之前所有遇到的困难已经得到了解决，而是说我现在已经能够以一种包容的态度来面对这些困难，在工作的过程中能得到我想要的东西。进入沉淀期，说明至少在心态上已经有了一个很大的变化。不再像以前那么浮躁，不会每天都盼望着外面的花花世界，不再像以前那样渴望快速成功，而是踏踏实实地一步一个脚印地往前走。我大概在沉淀期花了 4 年时间，从一名普普通通的销售人员升到了销售总监。

4. 创业期

说到创业，这可能是许多人的梦想，但我想请大家理性地对待这件事。一来不是所有人都具备创业家的特质。创业家需要具备什么特质？我觉得能吃苦耐劳是最基础的。二来创业是有机会成本的。假如在销售总监岗位上的时候，我没有选择辞职去创业的话，有很大可能在半年之内就能升职为外贸副总经理，这个就是我的机会成本，我要衡量创业带来的潜在收益是否能够高于机会成本。三来职场也有创业期。当有一天你把公司的事业当成了自己的事业，具备了“企业主人翁精神”，开始能够影响老板的决策，或者借助公司的资源来实现自己的一些想法时，也等同创业了。有一句话说得好：每个人都是自己人生的主角。所以并不一定要自己当上老板才算成功。

5. 腾飞期

当迈过创业期之后，我们就能进入腾飞期了。在这个阶段，我们最主要的已经不是要赚多少钱，而是要做多大的事业，之后物质财富自然而然地就会随之滚滚而来。在这里我想强调一点的是，无论什么时候，赚钱都不能成为人生的全部。当然在我们拼搏工作的前期，我们可以稍微把赚钱的比例放大一点。但到了这个阶段，精神财富和物质财富一样重要，我们应该去培养一点小爱好，应该更多地去关心我们的家人和朋友，去尽力提高自身的精神素养和扩大知识面，这可能会是制约我们迈进下一个阶段的关键因素。

以上，就是我迄今为止经历过的 5 个职场阶段。

外贸人可能会经历的几个角色抉择

说到职业规划，我认为可以概括为“什么样的我，在什么时候，做什么事情，最后收获什么”。其中认清“什么样的我”是最关键的一点，因为很多的烦恼，很多的挫折，都来源于找不到自己的定位。

会看到本书的基本上都是外贸人，但大家有没有思考过一个问题，就是“我是否适合做销售”？又或者放大了说，“我究竟适不适合做外贸”？这里的适合或者不适合，不是说我们是否具备了做外贸的各种技能技巧，而是在性格以及特质上是否适合。在从事外贸的前三年、前五年甚至更长时间，我们可能每天的工作就是不停地在网络搜索客户，然后发邮件，打电话，我们可能发 100 封邮件只有 1 封回复，还是写着“请不要再发邮件给我了”这种；我们可能打 100 次电话客户的回答都是“I will send e - mail to you”，却永远等不来客户的邮件；我们可能在一开始的时候满怀激情，但在经历了无数次的拒绝和没有订单的挫败之后，感到万分沮丧。那么，这种沮丧、挫败、孤独和寂寞，是不是我们能够承受的？

假如答案是 YES，那么至少我们已经拥有了做销售最基础的要求“艰苦奋斗”。我曾经非常迫切地想摆脱每天发陌生邮件、打陌生电话的困局，所以去了一家猎头公司工作。在我想象中，猎头是一份很高大上的工作，每天就算不是在星巴克至少也得在麦当劳、肯德基约见各位应聘者，谈笑间决定对方的命运。但事实并不是这样，真实的情况是我依然每天还是要打各种陌生电话。例如某行业、某公司想招聘一名销售经理，标准的做法就是打电话给同行业的其他公司。一开始装作客户要总机转给销售部门，找到销售部门的人之后才神神秘秘地告诉对方自己是猎头公司的，而且还不能告诉对方公司名字，然后问对方有没有寻求更好发展的打算，让对方把简历发过来之后再看简历是否符合客户的要求。这还算好的情况，因为销售部门的电话很好转，但其他的部门例如产品、技术、设计等，你就要想其他各种各样的借口。这种情况让我觉得很痛苦，因为我最初是想摆脱每天打陌生电话的日子，没想到现在变本加厉。所以在这家猎头公司工作的第三天，我决定辞职。在今天看来，我当初的这个选择是正确的，因为在一个连日常工作自己都莫大抗拒的岗位上，是很难做出成绩的。所以小伙伴们请记住这一点，假如今天你对你的工作已经产生了抗拒念头，而且这些抗拒念头无法被抑制，也没有办法在可预知的未来通过其他东西，例如订单和业绩来掩盖的话，你在这份工作上的职业生涯就已经结束了。那么与其心怀负面情绪继续被动地工作下去，倒不如趁着年轻换一换环境，即使新环境不一定比现在的好。反正还年轻，还有承担失败的资本。

但是在销售的领域，前期3～5年内的这些痛苦，几乎是无法避免的，在我们确认了自己能够承受得起这些痛苦，并决定努力在外贸这个领域沉淀下去之后，我们会来到一个分叉口，这个分叉口决定了我们接下来要走的是什么样的道路。在我看来，从事外贸到了一定阶段之后，我们有这么几个选择：

第一，S. Sales；第二，M. Management；第三，P. Purchasing；第四，E. Entrepreneurship。

这几个选择没有所谓的孰优孰劣，重要的是哪条道路更加适合你。

1. S. Sales

选择成为 Sales 是销售路线的进一步深化，也是选择了继续战斗在一线，享受收割订单的乐趣。有人说销售是个短命的职业，或者说销售吃的是青春饭，这个我不赞同。在咱们国内销售工作确实是很多年轻人在做的，但他们所做的工作往往是销售的初级阶段，反观国外，很多销售人员都是上了年纪的人，为什么？因为不管是产品、行业、技术、技巧、经验还是客户资源等都需要时间的沉淀，在销售这个流动性很大的领域，绝对是“剩”者为王，留下来的人能取得最终的胜利。而且坦白讲，在一个好的公司平台，走纯销售路线是赚钱最多的，也是最轻松的。

2. M. Management

Management，管理。在这个领域你不再是运动员，而是变成了教练，你需要制订各种战略和策略，你需要选择最适合内部发展的规章制度，你需要平衡下属之间、部门之间的关系，你需要直面老板的怒火，学会承受更多的压力，等等。很多公司容易犯一个错误，就是以为销售做得好的人就能把管理做好，因此管理人员都在 TOP SALES 里面找，这绝对是荒谬的做法，且不说性格是否契合做管理，管理路线所需要的技能不是一个单纯从销售走过来的人能懂的。所以，假如你准备以后走管理路线，我有两个建议：

（1）从今天开始主动接受管理领域的东西，并不一定要去看什么书，而是去细心地参考和学习你们公司的政策和措施，尤其是外贸部的提成分配制度。去体会你们领导或老板每一个举措的背后是否有什么潜藏的目的，然后换位思考，假如是你的话，你会怎么做，并适当地向你的上司表现出你具备走管理路线的潜力或才能。

（2）假如你当前在只有几个人的小型公司，不要去考虑太多管理的东西，因为你基本用不上。

3. P. Purchasing

Purchasing，采购，当然在这里主要指的是做客户的买手。在很多人眼中，做买手是一件非常舒服的事情，有种农奴翻身做主把歌唱的感觉。但这有一个很重要的前提，你需要有客户愿意请你做买手。因为买手本来就是一份基于信任的工作。那么，假如你有意想在今后从事买手的工作，这就要求在从事销售工作的时候，积极地与客户建立互相信任的关系，让客户感觉你在帮他，而不仅仅只是站在供应商的角度提供产品而已。作为买手，你可能会有充裕和自由的时间，也有不错的收入，但买手有一个非常大的发展瓶颈，就是很难做大，这点是需要慎重考虑的。

4. E. Entrepreneurship

Entrepreneurship，创业。外贸是一个创业门槛比较低的领域，例如外贸 SOHO，注册一个公司，建立一个网站，注册一个银行账户，你就已经开始在创业了。但即使门槛再低，创业也不是一件简单的事情。有一句话我曾经说过无数次，那就是外贸创业，你要么掌握客户，要么掌握供应链，要么自身是一个外贸专家，这三点当中，至少需要掌握两点。走上创业这条道路，你有可能做一单就抵得上你打工时候一年的工资，但也有可能颗粒无收，收益和风险并存，就看你的偏好是什么了。

不管走哪条路线，都有一个共同的特点，那就是必须做到“提前准备”，我认为这就是职业规划最重要的地方。我想请问读者一个问题，你能不能预见自己三年后、五年后，甚至十年后将是什么样子？很多人都不能，他们在一年后、三年后、五年后甚至十年后，依然还会是今天这个样子，每天赚着微薄的薪水，做着一样的工作，烦恼着同样的问题，为什么？因为他们没有做职业规划，没有设定职业目标，没有为了这个目标有方向性地去学习，去努力，去奋斗。这并没有错，每个人都有他自己的生活方式，有些人天生就不会去追求太多物质的东西以及所谓职业的提升，我有位朋友从上一份工作离开已经一年了，之后没有参加任何工作，每天就是跑跑步看看书，在我看来很不可思议，但是他依然每天都很充实开心，这就是另外的一种生活方式。然而对于渴望进步以及渴望成功的人来讲，我们需要从今天开始做职业规划，请大家认真思考下面几个问题：

按照我目前的情况走下去，三年之后我大概会是什么样子？我对这个样子是否满意？

假如不满意怎么办？现有的公司平台是否足够支撑起我的目标？

为了达到满意的目标，我从现在开始应该做什么？

没错，再完美的职业规划，都离不开从今天开始脚踏实地一步一步地努力。那么，什么是努力？在我看来，外贸人的努力就是当别人已经下班回家吃饭的时候，你还扛着电话一次又一次地重复“Hello，hello，this is Daniel，can you hear me”；当别人遇到困难选择退却、放弃甚至辞职的时候，你还在咬着牙关告诉自己再坚持一会儿就实现目标了；当别人对客户简单直接 say no 的时候，你还在为了达到客户的要求，辛勤地四处奔波。这就是外贸人的努力，归纳起来几个词：沉淀、专注、用心。

另外，我们的职业历程离不开企业，甚至可以说企业的高度决定了我们个人的发展速度，那么什么样的企业才值得我们托付呢？老板很好、工资很高、发展很快、困难很少并不是一个好企业的横量标准，我以前所在的公司，和这四点恰恰是相反的，但我在里面工作的六七年时间几乎影响了我一生。对于值得托付的企业，我只有一条检验标准：是否能够提供实现我当前目标的平台？这个目标可以是学习，可以是赚钱，可以是创业，等等，只要答案是 YES，那么这家企业在我现在的阶段就是值得托付的。

本节最后，有很多人曾经问我怎么看自己在某家公司是否具有发展前景，在没有太多数据支撑的情况下，我有一个很简单粗暴的衡量办法，就是看你的同事、上司以及老板现在过着什么样的生活，做着什么样的工作，而这种生活与工作是不是你想象中未来的样子。我有一个朋友，去面试的时候总要在人家的员工停车场看看都停着哪些车，是奔驰宝马，还是清一色的比亚迪。虽然我对此持保留意见，但不管怎样，你的老板、上司和同事的今天，基本上就是你的明天。

第六节　你以为你很努力，其实只是感动了自己

有个“一万小时定律”，说的是只有在某个领域坚持一万小时，才能成为这个领域的专家；然而在心灵鸡汤的曲解下这句话变成了“只要在某个领域坚持一万小时，就能成为这个领域的专家”，对此我表示无语。

不可否认努力是成功的必要条件，然而努力绝对不是成功的充分条件，因为有许多人努力的方向其实是错的。

拼命去做自己不擅长的事儿

在我担任销售业务的那段时间，加班到晚上 10 点 11 点是常有的事情。然而我做了一件相信整个公司都没人做过的事情，那就是借宿在同事宿舍里，两个大男人挤一张单人床，然后定闹钟在凌晨 3 点起床，跑步回办公室打 cold call 开拓客户。假如未来某天我变得非常成功，相信这件事情会被大肆书写。是的，我当时确实非常努力，半夜给客户发邮件是常有的事情。每天还恨不得牙不刷、脸不洗地冲到领导面前，用我憔悴的模样去证明我有多么热爱这份工作。并且我还很享受这种努力，觉得自己的精神世界是前所未有的丰富。然而在多年之后我往回看，除了“傻瓜”我找不到另一个更生动的词来形容自己。因为在众人眼中是“大神”和“高手”的我，本来就不是一个擅长从无到有去开拓客户的人（Frank 才是这个领域的牛人）。我第一次给陌生客户打电话的时候手抖得有多厉害你们知道吗？在我整个外贸生涯中靠 cold call 和 first letter 拿到的客户为零你们又知道吗？而且当初的那份“努力”，与其说是为了订单而努力，倒不如说只是在表个态，“领导虽然我没订单但是我很努力别炒我”，等等。

然而我是幸运的，跟了一个好上司并且他源源不断地带来新客户让我跟进，而服务客户正好是我最擅长的。于是我在一夜之间就迈过了销售的初级阶段，在几年里客户和订单也不断增长。有从 5 万美元到 150 万美元的，有从停止采购后重新合作并一路飙升到 1 000 万美元的，而我也从此踏上了职业生涯的高速路，这也是为什么当初一个不擅长做销售、不擅长和人沟通的我能在外贸这条路上走到今天。因为我找到了适合自己的路。我相信和我一样幸运的人并不多，更多的人可能还在销售的初级阶段中苦苦挣扎，更惨的是还不知道自己的天赋点根本就不在那里。不像我前些天朋友圈所说那个毕业两年买宝马的女孩子，她是那种天生的销售人员，拥有让陌生人产生亲切感的能力，即使是客户对她说“别再发邮件给我了”，她也能笑嘻嘻地应对，最终还和对方成为朋友，这种能力我自愧不如。

天赋来自上天的礼物，人人都有，只不过一般人找不到。但我认为天赋并不是告诉你要去做什么。

例如我高中时声乐老师告诉我“你骨骼精奇是块搞音乐的好料‘跟我走吧’保你上音乐学院”，而我任性地拒绝了，否则现在你们就得在《我是歌手》至少也得是《中国好声音》上才能看到我了。

天赋是告诉你不要去做什么，例如你是亡灵法师出身，但偏要去转职圣光牧师的话，那就纯属同自己过不去。

又例如，明明你没有做外贸的天赋，又没有逆天的运气，那你为什么还要坚持呢？因为自己懂英语？或者只是因为外贸的准入门槛低？又或者是认为自己再努力一把，付出终将是有回报的？

醒醒吧！在一条错误的道路上，再多的努力，也仅能感动自己！

更何况现在流行的是“抱团”，如果我是 MT，那就找个有 DPS 的团队好了，为什么满世界去找高输出的武器呢？

如何发现自己的天赋

有一次，我去和驻守深圳工厂的离职员工道别时，帮她做了接下来的职业规划，最终我的建议是：做内销，即使她在外贸领域已经从事了将近四年。四年光阴一朝舍弃，看似非常可惜，但别忘了：

（1）这并不是真正的舍弃，四年走来点点滴滴都存在心里了。

（2）没走过弯路，怎么知道哪条是直路？

（3）四年看似长，比起人生一辈子来说不算什么。

（4）在一个错误的方向走得越长坚持得越久，离目的地就越远。

说到这里难免有人要问“怎么发现自己的天赋”以及“怎么找到适合自己的路”？

很遗憾我不知道答案，因为要是你花了二三十年都还在迷茫期，而我只凭你的只言片语就能判断出你适合什么工作的话，我可以直接去算命了。假如你真不知道自己的能力在哪里的话，建议平时多和阅历比较丰富的前辈们聊聊，多对日常工作做总结，多审视和剖析自己，厘清自己的优点和缺点，总有一天你会有所领悟的。但是，请记得对于普通人来说，天赋是一个相对值而不是一个绝对值，它只意味着相对于其他能力你有某个能力更加突出，而不意味着这个能力就一定有多强。毕竟相对于少部分天才来说，我们都只是凡人。

判断自己是否适合一份工作或许没那么容易，但判断自己是否不适合一份工作就简单多了。只要你一想到上班就心生厌倦或者有各种各样请假不去上班的念头的话，那基本上就可以辞职了。

第七章　关于产品与客户的深入思考

第一节　产品为王的背后

有人认为，唯一不被历史浪潮淹没而得以持续的办法，就是学习日本的工匠精神，产品为王。

提到产品为王，有很多人的第一印象想必是“质量优，技术好”。这不能说不对，只不过在其背后有着更多需要挖掘的故事。

辩证看“质优技高”

有一定年龄的同学可能有这么一种感觉，就是现在的产品质量和之前的简直不在同一个层次上。像我小时候的凤凰牌单车，我曾经有一种能骑着它直接奔往月球的错觉；像我初中时候家里买的空调，好像永远不用换雪种似的。但现在呢？一两百块钱的单车能在一年半载不出问题就算了不起了；家里的空调在一年之后即使调到16摄氏度制冷，也和情人在你耳旁吹气的感觉差不多。

为什么？因为产品固有的买卖和流通的属性，它是紧密和市场连接在一起的。当市场要求进一步低价的时候，你降不降价？不降价就会被淘汰，但成本就摆在那里，怎么办？降成本！技术部的人整天在开会，你以为真的是在研发新技术吗？他们在研究的是怎么在这里少安几个螺丝，少装几块隔音板，或者换更便宜的材料。而不少企业推崇的“赤字接单，黑字出货”，靠的正是这一点，这也是为什么外国客户总说“made in China is cheap”。但也不想想，你给个买芝麻的钱就想抱走一个西瓜，合适吗？所以一概而论的“物美价廉”其实是个伪命题，所谓“烧鹅味道，豆腐价格”更是一句胡言乱语。你永远没办法用小米手机的价格，去奢望苹果手机的体验。

说到智能手机，2014年小米手机在中国的销量达到6 080万台，远超苹果手机的4 660万台，销量排行第一（三星、联想、苹果分别是第二、三、四名）。我虽然对小米手机并不喜欢，但我认为小米确实是个伟大的公司，主要原因有：

（1）小米重新定义了山寨手机。

（2）小米对市场的定位和切入的角度把握得非常准。

（3）小米对苹果的饥饿营销学得非常到位。

结合市场谈产品

手机曾是一个奢侈品，在经历了狂热期后，人们对于手机的消费回归了理性。此时，小米横空出世了，广告语说得十分漂亮，例如“全球最高 CPU 跑分”，“800 万像素你无法抵挡”，“仅售 1 999 元你值得拥有”，再加上“如果没关系，你有钱都买不到”的饥饿营销，瞬间点爆整个市场。

小米对于市场的定位和把握简直就是艺术。但要说小米手机性能顶尖？我的答案自然是 No。但小米也不在乎我的答案，因为我根本就不是他的目标客户。

所以得出结论：任何不结合市场的谈产品都是耍流氓。但恰恰多数外贸企业都是闭门造车型的。和大多数“价格 = 成本 + 利润”思维一样，企业不懂得从市场反推合理售价，不懂得根据市场需求开发产品，或者不懂得从现有产品出发寻找目标客户群和销售切入点。就好像你一个卖奥克斯的对一个买了十几年格力的客户说自己价格多便宜多好，自然卖不出去，即使免费赠送人家说不定还嫌浪费运费和进口关税；你一个卖格力的对一个买了十几年奥克斯的客户说自己产品多优质制冷多棒，也卖不出去，降价 10% 人家也不一定买得起。所以我们需要做的，只是在自己擅长的领域，切入到真正的目标市场，老老实实地耕耘属于自己的目标客户。

只要在你的目标领域做到极致，你就是王。

我们都有可能成为王。

第二节　99% 的产品开发其实都走了弯路

深圳沙龙的时候，有同学问了这样一个问题：

我们公司的工程师新开发了一个很好的产品，我应该怎样把它推向市场?

假如是两年前，我会用我们公司的新产品开发 SOP 来回答这个问题，如表 7－1 所示。

表 7－1

编号	项目内容	负责人	时间节点（天）	列接人	备注
1	产品开发进度跟进	Daniel	0	王总	样品测试通过视为开发完成
2	产品规格书收集整理	Cici	2	王总	
3	销售成本确认	DanieI	3	王总	
4	样品单下达	Koe	4	Linda	
5	产品规格书翻译	Cici&Ternence	6		必须兼顾美观
6	产品卖点及信息提炼	Cici&Ternence	6	Daniel	完成后反馈给markting
7	产品图片拍摄	Koe	9		样品到达后
8	销售活页制作	Koe	12	Cici&Ternence	具体内容和sales 核对
9	产品推广	Richard&Ternence&Cici	15	Koe	完成销售活页后进行
10	上传阿里巴巴	Koe	17	Cici&Temence	具体内容和sales 核对
11	第一次推广反馈	所有人	22		飞腾内部审议
12	第二次推广反馈	所有人	29		结果反馈给光擎

表格看上去好像很精细，然而直到半年前，我才意识到这个两年前的流程，其实有一个非常致命的问题，那就是：从根本上就错了。

为什么这么说？

产品思维与市场需求

在以往的70年里，随着定价权从制造商移向渠道，再从渠道向用户的二次转移，现在已经不是产品思维的年代，不是我们随便生产产品就能卖得盆满钵满的年代，现在占主导地位的是市场思维，也就是说，在我们准备开发某个产品的时候，我们至少要先知道，这个产品市场是否需要，以及需要什么。

然而现在大多数的中国工厂，开发产品依然还是沿着旧时代的思维惯性思考，即抄袭和拍脑袋。在这两招里面，抄袭还好，至少市场上已经有现成的产品在，我们只需要琢磨怎么换造型，换材料，这里少几颗螺丝钉那里少几个零部件，只要把总成本降下去就可以，总会有人愿意买单。致命的是拍脑袋，有人心血来潮觉得这个功能好，加上去，那个功能不好，减下来，之后沾沾自喜觉得自己搞的就是创新的工作，全然没有考虑这种所谓的“创新”，到底能不能经受得了市场的考验。更何况，我们自己喜欢这个产品，和客户是否喜欢这个产品完全是两码事。像我之前所处的大公司，开发新产品一直都只是技术部在闭门造车，顶多发给销售看看对方是否喜欢，然而从自我需求角度的新产品开发，注定了只会是一场自娱自乐而已。

我的一位朋友就曾经经历过类似的事情，他天马行空地给移动电源加上了蓝牙功能，这样拿着移动电源就可以控制手机玩自拍，然而产品出来后才发现一个致命的问题，他完全没有考虑蓝牙产品必须经过认证。而作为一个非刚需的功能，客户根本就不愿意为额外的认证费用买单，最后只得宣告项目失败。

这毕竟属于比较特殊的例子，更多的情况是：当我们开发出一个自认为很好的产品时，很遗憾地发现，市场根本不需要这个产品。像我之前就犯过这样的错误，例如我们光源的最大光效能到 163lm/W，这在业内算是排前列的，当时觉得这绝对是卖点，所以我们也曾经大力地去宣传和推广这一点，但随后的市场反馈给我们浇了一大盆冷水，因为 10% 光效的提高可能是以 30% 成本上升为代价的，客户是喜欢这么高的光效，却根本承受不起这样的价格，最终客户只能选择性能差一些但价格便宜很多的产品，我们的这个产品最终也成为摆设。所以 good products may not be the right products，好的产品不一定是对的产品，want 和 need 完全是两个概念，很多让我们沾沾自喜的功能或性能，市场根本不需要。

说起来，技术出身的工程师，很容易陷入对性能过分偏执的追求中，从而忽略了一个在实验室里发光发热的东西，距离成为一个商品，甚至距离成为一个产品，都还有着很长很长的距离，这一点在以产品为导向的公司里尤为明显。我们有一个供应商，经常给我们发新开发产品的资料，有一次我们看到有个型号不错，说要下个样品单的时候，销售尴尬地说：现在还不能下单，老板认为这个产品还不够完美。

什么是完美？

这个世界上有完美的产品吗?

更何况是否“完美”，你说了不算，我们说了也不算，用户说了才算。

一切没有经过市场考验的“完美”都不是真正的完美。

所以回到表7-1，大家发现致命的问题在哪儿了吗?

市场调研与产品定位

表7-1的问题在于，我们的销售端和市场端，是在产品开发出来之后才介入的。我们所有的工作，都是围绕着“有一个产品然后应该怎么卖”去开展，而并没有在产品开发甚至立项之前，就充分做好市场调查和产品定位的工作，去开发一个客户需要的产品。

在门徒俱乐部，有一句话我们从一开始强调到现在，叫“决策大于努力”，有一个词我们从第一节课即将延续到最后一节课，那就是“定位”。所谓定位，解决的是“做什么”尤其是“不做什么”的问题，在我看来，定位需要包含如下四个大点:

(1) 我是谁?

(2) 客户是谁?

(3) 需求是什么?

(4) 竞争对手是谁?

而我们的产品开发，需要在充分分析这四点之后，才能得出结论。

1. 能力资源与客户的匹配

我的能力和资源，决定了我所匹配的客户，双方必须门当户对，就好像玩游戏一样，越级杀BOSS尽管有可能获得逆天的装备，然而对于多数人来说，越级杀怪的结局是惨败，还是老老实实地收割和自己等级相符的小怪，更加实际。

2. 了解目标客户的需求

我们需要具备给客户画肖像的能力，知道我们的目标客户究竟是什么的类别、渠道、体量、偏好等，这样我们在遇到某一个客户的时候，就能敏锐地感觉到对方是否可能成为自己的目标客户。

3. “被定位”

定位对于许多人来说，其实是“被定位”，你所处的位置并不取决于你想处于什么位置，而在于市场认为你应该在哪个位置，所以“我们的定位是中高端”这种话只是媒体语言罢了。

4. 有选择地满足客户需求

我们不可能满足客户所有的需求，选择本来就意味着放弃，否则最大的后果就是定位的不清晰。就好像 Ben 叔家的巧克力，满足的就是视觉需求而不是口味需求，假如你既要好看又要好吃的话，最终可能会弄一个四不像出来。

5. 扫清公司内外每个障碍

竞争对手指的并不仅是你的同行，任何阻碍客户向你购买的因素，例如客户公司某个不喜欢你的副总，都可以称之为竞争对手。只有知道了敌人是谁，我们才能知道要向谁挥刀，才能知道是选择威逼利诱还是糖衣炮弹去攻克对方。

总而言之，有一个产品再去考虑怎么卖的思维已经在渐渐消退，在产品开发之前就通过充分的市场调查明确产品的定位与卖点，进而制定精准的营销方案及销售策略，聚焦该聚焦的，放弃该放弃的，才是我们现在需要做的事情。

第三节　大客户谈合作考虑的绝不仅仅是价格

最近有人给我讲了这么一个故事：有一个年采购 300 个柜的潜在大客户，她们公司一直很想拿下来。在某次展会上了解到客户对于某新产品的需求之后，她们公司一口气订购了新设备研发了新产品，之后邀请客户到工厂面谈。面谈过程是和谐且愉悦的，唯独有一个问题：在三个小时的面谈中，客户就同一个问题问了四次，而她们没有一次能够回答得上来。这个问题就是：对于这个新产品，你们的定位是什么，目标是什么，准备怎么做，规划是什么？

这不是一个容易回答的问题，但作为一名年采购量为 1 500 万 ~2 000 万美元的客户来说，他决定采购的因素已经不再局限于产品本身，不局限于价格、规格、参数，他更多考虑的是战略层面的东西。例如：供应商高层的理念和我是否一致，他未来三年的发展规划和我是否匹配，这款新产品是否能够补全或改进我的产品结构？

回到问题本身，产品定位到底是什么？

产品定位到底是什么

首先，我们得解决两个问题：第一，是什么？第二，卖给谁？举一个例子，我卖给零售渠道和专业渠道的空调，定位就需要有所不同。零售渠道可能什么功能都不要，价格便宜就行。而专业渠道，可能对功能和安装的便利性有所要求。

其次，产品定位是其市场定位的具体体现。不是我们说产品是高端就是高端，说低端就是低端，它必须是经过大量市场调查后的一个准确切入点，并且能够体现我们的市场位置。这对过往拍脑袋开发产品的企业来说，无疑是个巨大的挑战。

产品目标是什么

每个月卖多少货叫销售目标而不是产品目标。所谓产品目标可分为内部目标和外部目标。内部目标指的是企业本身通过该产品达到的目的，一般是新增、完善、补全或者替代现有产品系列，等等；外部目标指的是企业通过该产品对外部造成的影响和效果，例如提高品牌形象、进军低端市场、增加利润率等。

至于当客户问你“产品目标”是什么的时候，有时候他并不真的关心问题本身，他更关心的是这家企业的产品研发理念是否值得长期合作，毕竟未来那么长他不可能只跟你买这一款产品。工厂的研发理念决定了他在未来是否能够取得源源不断的具备市场价值的产品支持。所以假如客户问你“产品目标”而你回答“目标就是拿下你的订单”之类，那基本是不可能谈成的。因为对方会觉得你缺乏大局观和战略意识，至少你现在对于这款产品在未来能够走到哪里或者走多远，是完全没有概念的。

产品的规划是什么

产品规划不仅是在产品研发之前考虑我们应该怎么开发产品，它实际上是一条滚动向前的线，包括产品开发前的规划，开发中的调整和产品开发后的修正以及更新换代。当客户问你产品规划是什么的时候，他其实更想知道的是这款产品到底能够走多快走多远，以及在未来能够走到哪一个点，这个涉及对方的长期利益。举个例子，你给客户推荐一款产品，客户很喜欢，但问题是这款产品明年模具就要废弃了，那这个时候客户买还是不买？买的话，明年产品就要被换掉，所有的宣传、铺垫、配件统统要换，甚至售后都有问题。不买的话，又似乎挺可惜，今年又要少赚钱了。怎么办？假如是我就不买，因为我是看长线利益的，所以现在我采购东西，是一定要问产品规划的，以此来看这个产品是否符合我们的长期工作和目标。

另外，在规划产品的时候，一定要考虑好相关的配套，有时候并不是产品研发速度越快越好，关键是支持力度能不能跟得上。每个新产品出来，且不说销售的产品培训，各种参数、目录、测试报告、安装方式、推广方案，销售策略，都跟上了吗？这些资源配套一旦跟不上，那再好的产品也没用。毕竟只有销售出去了，产品才能真正变为更加有价值的商品。

产品的战略是什么

在一个较长的时间线上，以及在一个较高的维度上去看待和思考当前的问题，我们一般称之为“战略性”。

有一句话叫“局部的胜利左右不了全局的失败”，当我们说一个人或者一家企业缺乏“战略性思维”的时候，一般指的是他们无论是做人还是做事，都只看得到眼前。举一个例子，假如你去找工作，你是看前途还是钱途？一个是前进的前，一个是金钱的钱。你肯定说当然是看未来了，要说看钱的话，现在一个农民工挣得都比我多，但未来我挣得可能是他的十倍百倍。道理你肯定都懂，但真到你找工作的时候，大多数人的做法却是因为一千元的差额拒绝了一个未来可能很有发展潜力的岗位。其实无论在职场的哪个阶段，金钱上的收益都不可能上升到战略的层面。当我们是菜鸟时，战略是学习的机会；当我们是中层时，战略是大展拳脚的平台；当我们是高层时，战略是实现梦想的舞台，而金钱总会在我们努力的时候伴随而来。这就是我们作为职场人的战略。

作为企业，我们一定得看到至少在未来的3～5年内，我们的公司将会怎样，或者我们希望它发展得怎样。这点其实大家都懂，但这里有一个不得不提的词，叫“战略性亏损”，用于一般价格拿不下，不得不亏损接单的大客户。对于这种客户我们一般都寄望于现在的亏损能够换回未来的盈利，但有几点东西常常没有考虑：

（1）准备亏多少？

（2）想要亏多久？

（3）未来预计能赚多少？

（4）什么时候开始赚？

（5）怎么赚？

这几点是采用“战略性亏损”时必须思考的，如果没有思考的话会只有亏损没有战略。因为所谓的战略，并不仅仅意味着看多高看多远，更重要的是看到之后我们要怎么做才能实现这个目标，所以这也是为什么很多人虽然懂得许多大道理，却依然过不好这一生的原因。战略固然重要，但终究需要靠一个又一个战术上的胜利去最终组成战略上的胜利，两者互相依存，缺一不可。

理论上来说，不仅大客户，任何一个采购都是在多方因素综合考量下才做出的决策，而不只看价格，更不是依靠一些所谓“大神”教导。所以我一直都觉得，新入行的菜鸟们，没必要立刻就拉到战场上去和客户厮杀，在什么都不懂的情况下，除了价格他们还能说什么呢？除了价格他们还能让客户看到什么呢？

第四节 你有多好不重要，客户相不相信才重要

市场营销实际上就是对客户心智的一种无形价值植入，然而在客户尚且存在抵抗心理的时候，有时候还得辅以销售的手段。

曾经有一个潜在大客户给我们回了一封写着“what’s special? I am now buying from ××× and their quality is very good. Why should I change”的邮件，瞬间勾起了我的兴趣。

一般而言，回复套路不外乎这几种：

（1）阐释我们到底有多好，客户不跟我们买是其巨大的损失，诸如此类。

（2）同其他公司相比，让客户知道跟我们比起来，×××绝对不合格。

（3）一堆目录报价唰一声发过去。

然而，要这么回答的话，结局只能是失败。

许多年前当我去乌拉圭拜访某大客户的时候，客户的老板和总监说起我曾经给他们发过的一封带有强烈情绪，saying“我的价格比××要低，质量比××要高，服务又比××要好，为什么这么多年来你就是要紧跟着××不放而不跟我们买”的邮件时，所有人哄堂大笑。当

时我不懂他们在笑什么，只能讪讪地跟着笑。后来我才明白，他们笑，是因为这一封邮件真的是个笑话。

这个笑话并不只发生在我身上。几年后，在我成为国际采购的时候，有一次某潜在供应商来拜访我。当他知道我的现有供应商是谁时，兴奋起来，从质量到技术，从工艺到价格，把对方批得一文不值，都没空留意我渐渐黑下来的脸。且不说我信不信他所说的东西，因为他所在的公司相比我的供应商，大抵相当于从奥克斯到格力的差距；就算他说的是真的，那岂不是显得跟这个垃圾供应商采购的我很傻？还好当天我的大老板不在现场，否则接下来我是不是就得剖腹自杀了？于是从那天起，这个供应商就被我在心里判处了死刑。

或许你会觉得太过于儿戏，就因为一番话，至于做出这样决定，至少先看看产品和价格吧，说不定还挺不错呢？确实，他的价格是挺低的，然而关键的问题是，一个能培养出这样业务员的公司，我实在很难相信他们的产品真的有多好。就如风投圈有一句话“天使看人，A轮看产品，B轮看数据，C轮看收入”。上百万的天使投资扔出去都主要看人，我买几十个货柜的生意看看人又有什么问题？

我们国人其实受“business is business”的荼毒还是挺深的，总以为可以去人格化地只谈生意，价钱和条款到位了就行。然而生意人也是人，不是机器人，一样也有喜怒哀乐的情绪，一样也有自私、利我、怯懦、懒惰、抗拒变化等人性。对于这样的人，你和他谈你工厂有多大，质量有多高，服务有多好，技术有多精，工艺有多棒，价格有多低，没用！人家全都不相信，就算你价格真的低，客户也会认为这是牺牲质量和性能的结果。因为你所呈现在对方面前的种种，包括行文、格式、图片、说话的方式和内容，等等，这些跟你的“质量”没有任何关系的东西，却是在客户心目中决定你的产品是好还是坏的重要因素。人性就是这样，他一旦认为你是好的，你的所有就都是好的，而他一旦认为你是不好的，你说什么都是废话。这种想法轻易不会被改变。而作为销售，最关键的就是要帮助客户对你以及你公司树立这种正面的信念，在他确定你的产品有多好之前，先让他相信你的产品有多好。

当客户告诉你“我现在在跟×××采购，他的质量很好，我为什么要换”的时候，别着急和这个×××比较，也别着急表现自己，你可以这样说：

（1）恭喜客户，×××是个不错的公司——顺着客户的话说，这是变相地称赞客户有眼光。

（2）×××确实在某些方面有非常不俗的表现，然而在另外一些方面也有不足——这些不足当然恰好是你“足”的。

（3）告诉客户他不需要更换，只是多一种选择而已，以后有机会了，下个小单先试试也无妨——适当表现自己知进退。

（4）告诉客户你可以持续地将行业和产品的信息更新给他，帮助对方了解动态，说不定以后客户还有机会拿你的报价去压压×××的价格——这种“要求”谁会拒绝？

（5）万一哪天客户和×××的合作出问题了，至少他马上可以找到可替代的供应商。备选供应商对于买家来说有多重要，只有买家自己知道。

我现在并不喜欢谈销售，除了我现在已经基本脱离一线销售之外，更主要的原因是一说到销售，很多人就联想到销售技巧或者话术，例如“客户说我价格高怎么办”或者“货期推迟了该怎么说服客户”。这些并不是不好，只不过销售技巧仅是销售中最基础的一环，先学做人再学做事，不亢不卑不骄不躁，在国际贸易中其实一样适用。

第五节　像个导演一样，去思索企业建站

几年前微博上有一个 ID 想加入基友团，对方也写了几篇与外贸相关的文章，但估计是觉得自己粉丝数量太少无法引起旁人的注意，于是付钱请网络大 V 们帮转微博吸粉，准备粉丝数量足够之后再在外贸分享领域大展拳脚。只不过这些大 V 都是段子手起家，老转外贸文章不是个事儿啊！于是他就开始在网络上搜集并且发布各种搞笑图片或者段子，文章也暂时搁置了，一门心思涨粉。当时看到这个我就对他取消了关注，几年后的今天偶然在网上看到他，他的微博认证居然变成了“搞笑幽默博主”，让我不知说什么好。

关于树立目标

我记得小说《仙路争锋》里面有这样一段话：人在做每一件事情的时候，一开始总有一个目标；当这件事情的难度太大令我们不得不采取一些迂回的手段时，这个目标往往也会在不知不觉当中发生变化。

比如我们写文章，一开始的目标是分享知识，但慢慢地有时候目标会变成追求阅读量，甚至会使用一些自欺欺人的方式去增加阅读量。

又比如我们跑步，一开始的目标是身体健康，但有时候目标会慢慢变成了 APP 上的公里数，我就曾经干过晃手机增加公里数这种事。

又比如我们做网站，一开始的目标是做一个能够吸引客户带来询盘的网站，但有时候目标慢慢地变成了要做一个漂亮的网站，左抠抠字体右挪挪位置，上改改图片下查查语法。

但问题是，漂亮的网站不等于有用的网站，更何况这种所谓的“漂亮”只是个人看法而已，且不说没有天赋且没受过训练的普通人多数不具备科学审美的能力，单单“不同国别人群的审美文化和标准不同”就足够把这种想法枪毙 100 遍了好吗？

自从创业以来，我一共建过 5 个网站，从个人的经验看，所谓建站对于一般人来说，主要是选择模板的过程，选择了自己觉得好看的模板，然后再把产品、视频、图片、文字等自己有的素材放上去。这种方式并不是不好，只要能够让客户感觉“似乎是个不错的公司”，就也能带来访问量和询盘。然而，当用户浏览过越来越多这种类型的网站后，“漂亮”就已经让人产生免疫力了，就好像现在淘宝哪一个宝贝让人看起来不是“高大上”？就好像现在哪个供应商不说自己是 first leading manufacturer？

建站是个商业问题

到了这种程度，人们的审美开始疲劳，“漂亮”就变成一种次要的东西，我们应该追求的是“精准”。所以现在，建站已经不是技术问题而是一个商业问题，它更重要的不是追求大流量基础上的小概率转化，而是追求小众细分市场中的高度黏性。就好像阿里巴巴国际站，客户发一个 RFQ 收 10 份报价，或者搜一个产品得到几十上百个结果，这些报价的公司或搜出来的结果，总是千篇一律的套路，在客户眼中任何区别都没有。既然如此，那唯一能够拿来比较的，也就只有价格了，这样的转化率有多高可想而知。这种情形换到自有网站上也是一样的，你花了大价钱做了 SEO，做了竞价排名，好不容易排名上去了，结果客户点开一看，马上就关了，这个时候你哭不哭？

所以说，当我们建立一个网站的时候，技术层面的问题都可以让建站公司来解决，唯独有几个问题，是谁都帮不了你的：

（1）你建站的目的是什么？

（2）你的公司和产品定位是什么？

（3）你的目标市场和目标客户是什么？

（4）你的卖点是什么？

给谁看？ 目的要明确

这和拍电影是同一个道理：你是想拍成孤芳自赏的文艺片，还是雅俗共赏的商业片？

拍成哪个都没错，有钱的话你想拍 90 分钟的梅长苏吃饭喝水也肯定会有人看，区别只在于观众的多和少而已。所以回到一个关键的问题：你到底是想拍给谁看？你的目的到底是什么？

站在商业的角度，我们做一个网站的目的要么为了品牌展示，要么为了吸引流量，那么在设计内容的时候，就必须站在客户的角度去思考问题，像“热烈庆祝我司 2015 年度总结大会胜利召开”这种，对于客户来说没有任何价值。所以重点就是：我们不能有什么就展示什么，而是客户想看什么我们才展示什么。举个例子，门徒俱乐部的学生卡门，她说她的目标市场是印度，而且印度客户多数会问之前有没有卖到过印度，想寻求一些质量上的背书。既然这样，假如我们在首页上就把这道客户最关心的问题给回答了，是不是会更加容易占领客户的思想，引起对方的兴趣？假如我是做户外灯具的，我就在首页上放印度人家喻户晓的建筑图片，然后把这款灯给P上去，这是一种场景化的应用；又或者通过销售市场份额图，重点突出我们在印度市场的业绩。而这个恰好就是和竞争对手们随随便便把图片放上去的区别。

道理我们都懂，然而最大的问题是：我根本不知道公司和产品的定位是什么，或者我的产品烂大街，我根本就不知道卖点在哪里，又或者客户除了价格你还需求什么呢？

这几个问题都太大，真要展开来说没有几万字写不完，我只能简单说：

（1）当我们在明确定位的时候，建议根据“我是谁”“客户是谁”“需求是什么”做一个思维导图，把产品、特点、优势、规模、人员等归进“我是谁”，把国别、渠道、类别、特性、规模等归进“客户是谁”，把价格、货期、质量、工艺、服务、信任等归进“需求是什么”，分得越细越好。之后我们再尝试把这三类进行连线，目标客户的核心需求恰好就是我们的优势供应，这个就是定位。

（2）所有的产品都有卖点，存在本身就是一种合理，只不过很多时候我们混淆了“优势”和“卖点”的区别。借用一个我在门徒俱乐部举过的例子：Ben叔长得比我帅，这是他的优势，然而这个是不是卖点呢？那要看面对的是谁，假如面对女孩子，帅确实就是一个卖点，但假如面对的是一个大叔呢？所以，优势是种天然的存在而卖点必然是跟目标挂钩的，假如你弄不懂卖点是什么，建议你问问客户："你到底是因为什么下单给我的？"很多时候，客户的买点就是我们的卖点。

（3）我们一般都能知道自己不要什么，但往往都不会知道我们需要什么，换到客户身上也是一样的。所以这种问题，单纯靠问，很难问得出来，一般我们都得通过对产品的深挖，通过对终端需求的摸索，通过对经销市场的了解，通过和客户的日常沟通去判断或者引导客户的需求。另外，对于普通人来说，我们只能挖掘需求而很难创造需求，所以不要自以为弄出个超高性能的产品客户就一定会喜欢或者需要，除非你这个产品和别人普通性能的价格一样，然而这明显不可能。

总而言之：聆听客户需求，调动手上资源，连接供需关系，打造价值产品。这是我所理解的，在建设网站时必须具备的 Product Manager 思维，而且这种思维，在国际贸易大领域的方方面面，其实也都适用。

第六节　国际贸易中惨遭忽视了许多年的市场营销

基于 OEM 的基本属性，中国制造业的出口鲜有市场营销可言。

我刚入职格兰仕的时候，外贸老总 David 在某次会议时就说了："虽然我们叫'海外市场营销部'，但实际上我认为更贴切的应该是'海外市场推销部'，因为向客户推销产品就是我们每天的工作。"

当初一听，感觉"推销"这个词好没档次，和我心目中高大上的国际贸易完全没有办法重合。然而多年过去，我才真正体会到“推销”这个词，实在是深得中国对外贸易的精髓。以至于到了十年后的今天，这种状况依然没有丝毫的改变，只不过在逮住一个客户的时候，用词从“cheap，cheap good”换成了“We are one of the leading factory of ××in China”。

OEM 真的不需要营销吗

至于市场营销？人们似乎也陷入了一个思维的旋涡：都是 OEM 有什么好营销的？客户来了报个目标价，合适就做。

我暂且假设这种思维是对的，那么自有品牌总该和 OEM 品牌有些不一样的东西了吧？

然而很可惜的是，绝大多数的中国工厂并不知道自有品牌到底应该如何操作。定位不清晰，方向不明确，定价不合理，在我看来完全就是贴着自有品牌的 OEM 而已。而所谓的市场策略更是拍脑袋想出来的，像什么“头顶日韩巨头，脚踏本土品牌”之类的闭门造车实在令人惨不忍睹。

再说回 OEM，就算只做 OEM 的订单难道就不需要市场营销了吗？如果真的不需要，那我们就不要怪客户为什么一来就抛个低价格，然后告诉你“你能做你就接，不能做咱们就只能再见”。因为在客户的心目中，你和其他竞争对手的产品毫无区别。而 B 端的客户是要追求利润的，在产品同质化严重（至少在客户心目中）的时候，自然是谁的价格低选谁。

我们举一个例子。

两个外观几乎一模一样的插线板，一个 48 元，一个 49 元。假如这时候已经没有其他信息的话，那么一般人都会选择 48 元那个——但信奉“一分钱一分货”，贵总是有理由的人除外。

假如这时候有个人，把两个产品掰开来揉碎了告诉你：49 元那个线材粗了 10%，输出大了 30%，安全性能增加 50%，虽然成本确实贵了 1 块钱，但价值的溢出绝对不止这 1 块钱，你提价 10 元去卖都没问题。这个时候，你又会选择哪一个？

当你把这些掰开揉碎的信息告诉 1 个客户的时候，叫推销；但当你把这些信息整理做成了一份详细对比 PPT 发给 1 000 个客户的时候，就变成营销了。

到底什么是市场营销

暂且抛开百度以及教科书的各种定义，我个人认为至少在国际贸易领域，市场营销是通过对目标市场信息的充分把握，在明确公司、品牌及产品定位之后，针对目标客户群实施的提高其对我方的认知度及认可度，从而提高销售转化率的一系列行为。

这里面有三个主要的难点。

1. 基于国际贸易的地域特点，很难做到对目标市场信息的充分把握

不同地域之间文化差异太大！中国现在流行所谓的热点营销，例如“duang”、“我们”、“神州专车”、“优衣库”，我们可以了解；然而对于国外的热点我们几乎一无所知，无法入手。我们说一个“然并卵”大家能笑成一堆，但你给外国人说一个试试？那就真的是然并卵了。基于此，当我们走访市场的时候，在调查亚马逊等电商网站的时候，我们能够得到一些有利于销售的数据，例如当地人喜欢什么样的颜色，常用什么样的配置，价格一般基于什么水平。然而这些数据都只是浮于表面的，要想真正把力作用到实处，唯一的方法只有“本土化营销”。

例如，像格兰仕那样，在海外成立子公司。不管是合资的还是独资的，最重要的是要有本土负责市场营销的员工，并在当地有针对性地进行报纸、电视、线下等传统营销以及网络营销。然而这种方式对于绝大多数的中小企业来说是不现实的，因此我们退而求其次：找代理。

代理制几乎是全球化进程中最具性价比的方式了，没有之一。但是对于大多数中小企业来说，在怎么找以及找到之后怎么做这两个问题上，困惑重重。我曾经接触过的几家中国500强制造企业，他们对于找代理推广自有品牌一样有着浓烈的渴望，然而在方式方法上，普遍存在着三个固有思维：

（1）在现有OEM客户上发展自有品牌代理。

（2）自有品牌不能卖得比OEM品牌便宜。

（3）所谓代理就是给带Logo的礼品，年终再根据销量返几个点当广告费。

然而当我们站在客户的角度时，我们很容易发现前两个思维其实是矛盾的：

（1）客户自己的品牌卖得正好，为什么要再引进一个中国品牌?

（2）引进一个新品牌不是不可以，假如有更大的利益或者更高品牌效应的话。然而理论上不可能多个品牌的定位都是一样的，要么更低端要么更高端。那么作为普遍被人认为是“cheap”的made in China，且在当地市场毫无知名度的中国品牌，凭什么想做高端？凭什么想卖得更贵？

我个人的看法是：

（1）眼睛不要只盯着同一个产品，试试在同一个渠道上做文章。假如我们担心的不是做同一款产品的客户对于操作市场不熟悉的话，为什么不找同一类别的产品？例如我们是卖 LED 光源的，那么找原本卖 LED 电源的客户谈谈代理合作 LED 光源的意向，不可以吗？

（2）利益是商业行为最大的驱动力之一。作为一个在当地毫无品牌价值的中国品牌，眼前的利益可以适当舍弃。想想现在“高大上”的 LG，当初在进行全球化开拓的时候，也是通过“战略性亏损”迅速占位之后，才一步步走到今天的。

至于第三个思维就更是“出厂我就不管”的 OEM 思维了，这样的话，品牌代理和卖自有品牌的经销商有什么区别？我们之所以要找代理商，就是看中了对方的本土化资源。这个时候我们需要做的，是将双方的优势（制造 + 营销 + 销售）结合起来，双方共同制订一个行之有效的市场推广方案。更重要的是，有代理这么一个懂市场的角色在，我们还不赶紧从中学习经验吗？

2. 提高认知度≠认可度

很多时候我们只能提高认知度，而无法提高认可度。

认知度提高的是曝光率。

认可度提高的是消费者剩余。

在卖方市场的年代，认知度的重要性远大于认可度，就好像多年以前的阿里巴巴，只要我站出来吆喝就肯定少不了一碗饭吃；而在买方市场的年代，认可度的重要性又渐渐盖过了认知度。例如当满大街都在吆喝自己是 first leading 的时候，first leading 就不值钱了，这个时候你需要说些其他的。

我一直认为一份合格的文案必须说清楚三件事情：

（1）我是什么？

（2）我跟别人有什么不一样？

（3）我能给你带来什么好处？

然而即使是中国 500 强的制造企业，在绝大多数情况下也只能说清楚第一点。例如花大价钱买下了寸土寸金的广交会宣传栏，却只懂得放一张以蓝天白云大海航船作为背景，然后铺满了自己所有产品图片的海报。这种情况提高的只有曝光率。但作为一个广为人知的 500 强企业，仅提高曝光率就够了吗？对此我认为该学习一下小米体重秤的海报。产品好不好我不知道，然而这份文案做得真好：

（1）我是体重秤。

（2）我跟别人不一样的就是精准。

（3）我能带来的好处是连你喝下一杯水所增加的体重我都能检测出来。

3. 外贸圈真正的市场营销人员太少了

市场营销人才难求，这或许应该称之为历史性遗留问题。

直到今天当我们说起“做外贸”的时候，脑海里浮现的第一印象就是“外贸销售”，而从来没有“外贸市场营销”。大多数企业没有专为国际贸易服务的市场营销部门，即使有，也是做着联系一下参展，联系一下做目录，联系一下做蓝天白云的海报，联系一下做带有 Logo 的小雨伞小圆珠笔当礼品之类的工作，what else and what is the value？

大企业如此，小企业就更不用说了。思维里没有市场营销的概念，自然不会有人专门去学这些。所以不少公司都想让销售人员先兼着营销的岗位，然而这个岗位的人：

（1）必须懂市场，必须和销售一起出国考察市场以及拜访客户。

（2）必须懂产品，知道怎么定位产品以及提炼产品的卖点。

（3）必须懂营销，知道怎么将产品的卖点说给客户听。

（4）必须懂品牌，知道怎么逐步增加品牌对客户的影响力。

（5）必须懂分析，知道怎么从售前数据和售后反馈中找出对公司有益的信息。

See，你觉得销售人员可以做营销吗？尤其市场营销并不是一个短期内就能看到利益的工作，对于收入主要靠提成的销售人员来说，做这个很难有积极性。

国际贸易的第 3 个风口——全网营销

说到国际贸易的市场营销，我们绕不开网络营销，全网营销是国际贸易的第三个风口。然而全网营销并不只是建个网站，然后上谷歌做广告，上 Facebook 发帖那么简单。而且全网营销也只是市场营销的一部分，我们要从整体的角度来看待这个问题。

恰好公司刚刚接了一个蒸汽拖把的新项目，借此我从头说明一下作为一家中小型外贸企业，全网营销需要做什么。

1. 市场调研

了解知名的、普通的以及便宜的同类产品，收集各个品牌的市场、产品、价格等信息，甚至购买和研究竞争对手的产品。

2. 提炼产品卖点

列出我们所有自认为的卖点，再比较市场上同类产品宣称的卖点，整理出我有他无，或者他有我优的营销点，明确产品定位。

根据以上两点的研究结果，确立我们的产品定位，例如“性能跟大品牌一样但更便宜，价格比小品牌贵但性能更好”的产品专家定位。

3. 明确广告定位

我从今年开始有了一个新的广告理念，那就是用偏向 C 端的手法去操作 B 端的市场推广，基于的理念是：

（1）B 端客户是商人，但他本质上也还是个人，C 端的手法有利于刺激他作为自然人的部分，从而吸引他来看我产品中的商业属性。

（2）现在基本是“80 后”、“90 后”做决策的时代，相比老一辈的商人，他们会更加感性一些。

（3）偏 C 端的手法，有利于帮助 B 端客户向其下线做市场营销覆盖。

（4）吆喝同一种声音的人太多了，I need something different。

确定广告定位能够让你的宣传更加立体化以及容易产生联想，只是有两点需要注意：

（1）假如某种属性是行业普遍存在的而不是你独有的，尽量错开。这也是为什么我们不把“杀菌消毒”作为广告定位的原因。

（2）产品卖点需要可以围绕着广告定位展开。

4. 产品目录的确立

放弃以往由一堆数据和废话堆砌而成的目录制作方法，要求简单、直白。

5. 第一期海报的确立

说清楚三件事情:

(1) 我是蒸汽拖把。

(2) 我跟拖把不一样的是我能杀菌消毒，我跟其他蒸汽拖把不一样的是我的温度更高。

(3) 我能带来的好处是强力的杀菌消毒下，小孩可以在地板上更加愉快地玩耍。

6. 第一期海报的推送

通过博客、邮件推送、社交媒体等方式。

7. 收获询盘

接下来就是销售人员的工作了。

8. 新一轮营销工作

营销工作除了静态海报还有动态视频，除了免费渠道还有付费渠道如 Google Adwords，除了阿里巴巴还有自有网站。

So，以上就是我们在网络营销方面最基础的部分日常工作。

最核心的要点是“创造内容”。

最原始的目标是“收获询盘”。

最关键的理念是“提升价值”。

在过去做外贸轻松易行的年代，市场营销没有存在的必要和成长的土壤。FOB 或者 EXW 钱货两清，多简单。然而在目前这个阶段，在产品同质化越来越严重，成本越来越高，价格越来越低，制造优势越来越少的时候，能够帮助传统制造企业在出口业务上取得突破的，绝对少不了市场营销这一环。

第七节 谁才是你真正的客户

随着对国际贸易理解的进一步加深，我越发觉得“消费者剩余”这个概念，实在太适合指导当前成本导向型生产企业的转型了。

厘清消费者剩余的概念

我们先来厘清概念。消费者剩余 = 消费者愿意支付的价格 − 消费者实际支付的价格。举个例子，基友团年会的门票是 150 元，A 觉得他能学到的东西价值 20 万元，B 觉得自己毫无收获。那么对于 A 来说，他的消费者剩余是 200 000 元 − 150 元 = 199 850 元，对于 B 来说他的消费者剩余则为 − 150 元。

消费者剩余小于零，或者你能够提供的消费者剩余比竞争对手的少，客户就不会向你购买。因此现代企业的竞争基本上围绕着消费者剩余展开，而为了提高消费者剩余，我们一般有两种举措：

（1）降低成本——我们称之为省钱的生意。

（2）提高价值——我们称之为赚钱的生意。

省钱的生意，我们的上一辈已经做得足够好。了解生产端的人可能知道，采购部和技术部每年都是有降成本指标的。这里能不能少个螺丝，那里能不能换便宜点的材料是他们永恒的课题。但一旦到了成本降无可降的时候该怎么办？提高产品在客户心目中的价值是唯一的选择。

塑造品牌终端价值

我曾经在微信朋友圈提了一个问题：

我有一个朋友，他们公司的产品为工业半成品，外国人很少会买。理论上他们应该多去跑几家国内的成品厂家，但他们不，他们超过一半的展会都是在国外的。你知道是为什么吗？答案很简单：外国人在展会上看到了他们的产品很喜欢，但这毕竟不是成品。因此我的朋友要么把自己在国内的成品厂客户介绍给外国人，三赢；要么跟外国人说：喜欢吗？让你在中国的成品供应商来联系我们吧。

假如你是成品工厂，你的供应商说“求你了，来试试我们的产品吧”和你的客户漫不经心地说“我觉得某某的产品不错啊，为什么你不试试看”你会重视哪一个？靠着这一招，我朋友的公司产品价格即使比同行贵 30%，生意依然源源不断，都已经在筹备上市了。

这就是一个标准的塑造终端品牌价值的案例。虽然最终形成直接采购的是国内的成品工厂，但我认为他们不是客户而应该是同为供应链的合作方，国外的采购商才是真正的客户。这招数并不新鲜，就好像空调行业比较认日本品牌的压缩机，LED 行业比较认台湾明炜的电源，而电脑行业比较认英特尔处理器一样。曾经要不使用这些配件出门，出口商都不好意思和人打招呼。但在日常工作中，我们往往会忽视这一点，分不清谁才是真正的客户。

在我看来，对于 OEM 厂家来说，一直跟他们采购产品的进口商，实际上并不是真正的客户。又或者说即使现在是他们的客户，将来的某一天也将不是。这段话让我们尝试来理解一下：

（1）进口商并不是渠道的终端，他们追求的目标是利润，因此他有降低成本的需求；而作为出口商追求的目标也是利润，有提高售价的诉求。因此双方在本质上其实是有冲突的。

（2）即使OEM厂家把进口商视为客户，随着竞争和渠道扁平化的趋势愈演愈烈，进口商会为了生存不得不向更便宜的供应商采购，这个时候双方将形同路人；又或者厂家会为了生存不得不跳过进口商直接向终端靠近（例如现在风风火火的B2C），这个时候双方已经变成了竞争对手。对一个在将来会成为路人或竞争对手的角色，还有保持亲密关系的需要吗？

就拿格兰仕来举例。它是世界第一微波炉工厂，市场占有率大于50%，听着很厉害吧？但只要美的一降价，客户立马跑过去，又或者拿着美的的报价单去压格兰仕的价格，为什么？因为我们中国厂家做了几十年的OEM，根本就没有形成品牌溢价。终端消费者只认进口商品牌，而在进口商心目中，美的和格兰仕又能有什么区别？那自然是谁便宜就跟谁买了。因此所谓“战略性亏损”在很多情况下只是一个笑话，厂家拼了老命亏损接单，想着做开了以后总有把钱赚回来的机会。然而一年后他往往会“惊喜”地发现，要想继续和客户保持合作就只能继续亏损。否则对方会直接离开，这叫什么“战略性”？

获得垄断地位但没能享受垄断带来的红利，是一件很悲哀的事情。“与世无争，专注生产”看上去似乎对所有人都好，似乎是专业人做专业事，但实际上是一种不思进取，在国际贸易发展的下一个十年很有可能就会被淹没在历史的浪潮中。因为我们所擅长的出口模式，一直都是以牺牲原材料和廉价劳动力作为代价来讨好进口商的，以此换取一丁点微薄的利润。一旦我们的原材料和劳动力不再具备成本优势的时候，就会感觉束手无策，即使我们再怎么高喊“走出去”和“品牌化道路”，这个进程依然无比缓慢。

第八节　海外子公司，一条荆棘满布的道路

早在十年之前，中国制造商就认识到，自有品牌，是一条必走之路！然而，当我们和目标市场远隔十万八千里的时候，再怎么谈论品牌都如同隔靴搔痒。因此创建海外子公司，推行品牌本土化就成了重点考虑的一个命题。

这是一条荆棘满布的道路。

假如我们遭遇了失败，却对因何失败一无所知，那这样的失败就失去了价值；即使我们取得了成功，但对为何成功茫然无知，那这样的成功也毫无意义。今天，我将用我的亲身经历，来给大家展示一条充满了血和泪的道路。

没做好项目评估酿下的错

当我看到子公司上一年度的运营数据时，简直惊呆了：

年度总销量398万美元，毛利率10.5%，运营亏损46万美元，对总部债务（应付账款+先期投资）315万美元，对客户应收账款136万美元，在仓库存105万美元。

那一瞬间，在我脑海里一直徘徊不去的词是“失控”；那一瞬间，我明白了公司把我从巴西市场调去墨西哥的目的，其实是去救火的。而这些数据，也仿佛化身一个个红色的巴掌，啪啪啪地打在当时信誓

旦旦向总部宣告项目一年保本，两年盈利的外籍雇员脸上。

墨西哥子公司项目，基本是拍脑袋决策出来的。在我后来翻阅历史文档的时候，我发现整个项目的筹建，仅仅来源于一份外籍雇员的PPT，而这份PPT通篇都在用文字描述这个项目的前景是多么的美好，至于财务测算，没有！市场分析，没有！竞品分析，没有！风险评估，没有！更加离谱的是，发起这个项目的外籍雇员，居然是个美国人，而并非墨西哥本土居民。

就是这样的一个项目方案，居然通过了。缘由除了外籍雇员实在太能忽悠之外，我感觉公司高层可能确实着急了，也过于乐观了，或许，也太过于想做一番与众不同的事业。然而事实证明，在我们开始做一件事情之前，假如没有花心思去设想各种可能出现的情况而贸然走下去的话，在后续可能就得花十倍的力气，去弥补曾经因思量不周而犯下的一个个错误。

股权和人员结构就是其中的一个错误

在法律上，墨西哥子公司实际上是没总部什么事的。因为在起初，不知道出于什么考虑，总部选择了汇款给当地的另外两名外籍雇员，由他们来组建这个公司。那么这家子公司实际上就成为一家本土企业，谈不上对外投资，自然也就不可能享受当地对于外来投资的优惠政策。

绝对的权力是对人性和道德底线的挑战。在我接手子公司之前，子公司一个总部人员都没有，没有监管，没有控制。这就好比创业的时候某土豪扔出几百万美元后飘然而去，说可以随便花他不过问，换了我的话可能转过身就买辆玛莎拉蒂当成公司配车。

当总部开始意识这个问题并想把股份收回来时，已经太迟了。因为这个时候总部开始考虑：这些外籍员工会不会趁我们不注意以公司名义借外债？要是这个时候我把公司收回来，岂不是连外债也一同收了回来？于是我就想让某个高层以个人名义来接收子公司股份，然而高层也不傻，这种明摆着有风险无利益的事情谁愿意干？所以即使在漫长的第三方审计后，确定了子公司人员并没有私借外债，收回股份的事情依然不了了之。

以雇员之名，行创业之实，是行业大忌。经理人和创业者所需要的能力是截然不同的，像墨西哥子公司这样的项目，对于外籍员工们来讲，已经算是一种内创业了。暂且不说他们的能力适不适合创业，至少在激励方案上，应该采取底薪 + 奖金 + 股权的方式来刺激他们向前冲，可惜很遗憾，整个子公司的人都是拿死工资的，甚至连销售岗位都没有提成，指望一帮拿固定工资的人去创业？这简直是笑话。

在总部终于意识到美国外籍员工不靠谱时，一怒之下就把对方给炒了，彼时担任子公司营运的是“股东”之一兼任销售的另外一名外籍员工。在我驻守墨西哥期间，我和他也算是结下了深厚的私人情谊，然而坦白说一句：销售，他行；管理公司，他不行。

风险管控就是其中一个最大的管理问题

在我接手子公司时，136 万美元的应收账款，基本都是超期账款，甚至可以说，至少有一半的应收账款有成为死账的可能性。出现这种情况，有几个很重要的原因：

海外子公司项目始于 2007 年，总部并没有对当时全球和当地国家的经济走势进行充分的预判（当然如果真能预判出来估计也不会做这项投资了），以致2008年全球金融危机发生时瞬间措手不及。

墨西哥的商业体系受美国的影响非常大，消费者多用信用卡分期支付，渠道商间多用赊销。然而为了争取订单，子公司把原本30天的账期延长到了60天甚至90天，并且对于超期货款，以一种“墨西哥做生意都是这样的”的态度来应对。

之前所有的赊销，都是无信保介入的；之前所有的赊销，都是无资信调查的。这也意味着，一旦发生问题，货款将全额转成损失。

事实证明，风调雨顺的时候大家都是兄弟，然而冰火围城的时候第一个死的就是兄弟。在金融危机的大环境下，子公司的下线客户要么因运营不善破产无力偿还，要么因当地货币的大幅贬值不愿意偿还，应收账款问题也就成了子公司最大的一块心头大石。

在尝到过分激进策略的苦果后，总部又变得过分谨慎，甚至出现了不愿意再供货给子公司的情况，即使这部分订单是有信保承保的，因此造成了子公司的销售链条断裂。同时这也是一个没有做好项目启动前规划的苦果，由于项目启动时没有对销售做好预判，导致子公司残留的库存全是不畅销的型号，而畅销型号总部又卡着不发货，无法形成良性循环，应收款的压力让子公司几乎变成了一个纯粹的催收款机器。而这实际上已经违背了我们设立子公司的初衷。

没有推广方案的品牌之路

我们在做任何一项工作的时候，都会有一个目的；假如这项工作比较复杂，我们往往就会采取一些迂回的手段，可是就在迂回的过程中，我们往往会忘记一开始做这项工作的目的。

我们设立海外子公司，到底为了什么？

“摆脱OEM代工被压榨的命运，努力占据商业链条的下游，实现品牌的本土化。”我相信这就是最初的目的，然而在运行过程中，我们只实现了下游商业链条的占据（尽管付出了惨重的代价）而忘记了品牌；也就是说，实际上我们只实现了本土化销售，而忘却了本土化营销，乃至本土化品牌。

品牌并不等于Logo，假如所谓的自有品牌之路，仅是将OEM的logo换成我们自己的Logo，那和我们现在的OEM模式，有何本质区别？不仅在立项上拍脑袋，在运营上，总部也是在拍脑袋的。我还记得出发前，领导特意拍着我的肩膀说：我们公司的自有品牌定位，就是“脚踏本土品牌，头顶日韩品牌”。然而后来发生的事情证明了这就是一句空话，完全没有考虑实际情况，因为实际情况是我们根本撼动不了日韩品牌的地位，甚至都只能追着本土品牌在后面跑，因为我们根本就没有围绕品牌开展一系列的推广工作，只是纯粹在卖一个带有我们Logo的产品。在这种情况下，消费者能够记住的，就是“哦，好像有一个来自中国的牌子”，然而你要问这个牌子是什么，对方完全记不住。更何况市场并不认为一个Made in China的牌子能够比一个本土品牌的位置高，即使这个本土品牌也是在中国采购的，但消费者们不知道，他们不管你在中国的工厂有多大。电视广告没见过，杂志广告没见过，线下活动没见过，说是中高端产品，谁会相信？

所以我想说的是，在实行自有品牌国际化道路之前，我们至少要先有一套品牌推广方案。我们除了销售团队之外，至少在当地要有一支营销团队。

到底应该实行怎样的商业模式

当年市场上的渠道，一般是中国工厂—进口商—经销商—零售商—消费者。而墨西哥子公司替代的就是进口商的位置，从我们今天的角度往回看，这种取代其实意义并不大，更何况要背负沉重的资产，无法轻装上阵，又不具备可复制价值。

所以当年在商业模式这个问题上，我曾经绞尽了脑汁。根据当时的情况，我设计的 3 年内商业模式是这样的：

（1）原有模式暂时保留，培育能够整柜从中国进口的品牌客户，降低营运成本和物流压力。

（2）不浪费子公司的地域优势，协助开发 OEM 客户。

（3）除了现有产品外，增加集团其他产品线。

（4）辐射中南美国家。

（5）通过电商平台进行 B2C 的网络销售。

同时，对于 3 年后的商业模式，我是这样考虑的：

（1）逐渐将进口商的身份剥离，将仓储和资金流动转嫁（全部或局部）给合作方，在本土市场着力于提供市场营销支持和顾问服务。

（2）将自身培育成品牌商。

（3）复制该模式到其他国家。

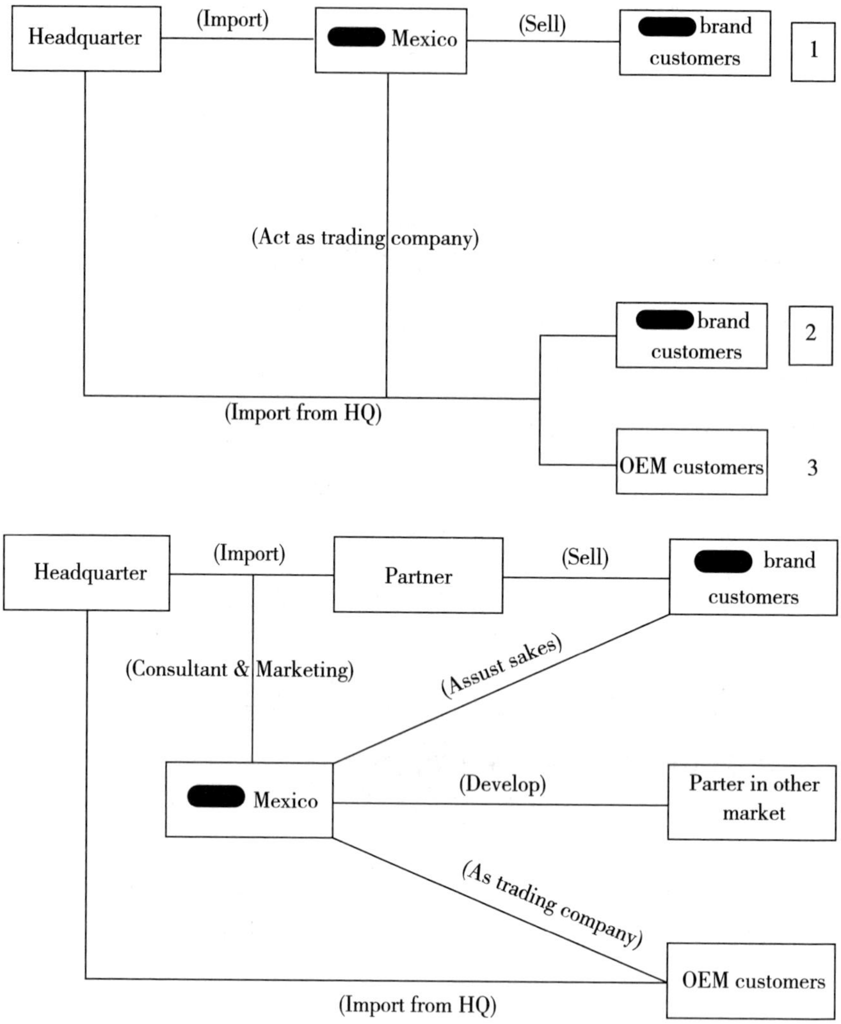

图 7－1

直至今日，我依然觉得，自建独立子公司是一件吃力不讨好的事情。作为专注生产的中国厂家，我们很缺乏本土化的基因，我们的思维还是生产和制造的那一套。在这种前提下，跨国人才，包括销售、市场、财务、物流、法律等人才十分缺乏，妄言品牌国际化等同自寻死路。在墨西哥子公司运营操盘这么多年后，对于本土化品牌，我的看法是这样的：

（1）品牌代理是最经济实惠的方式，也是目前最普遍存在，最适合中小企业的方式。然而绝大多数的我们少做了一件事，那就是派一个人到你品牌代理客户的公司上班，去学习人家的品牌操作手法，去真正了解市场信息以及终端客户的需求。

（2）海外营销中心不是海外销售中心，轻资产，非盈利性质，重在市场信息的搜集、客情维护和市场推广。

（3）合资公司模式适用于有一定规模的企业，这样可以借助合作方对市场和客户的了解，同时也把对方绑上自己的战车。

总而言之，现在是专业分工和抱团的年代，我们为什么非得自己做所有的工作？专注做自己擅长的，同时学习别人擅长的，不好吗？

“救火”后的成绩

故事还有很多，但再写下去就成论文了。

我相信大家一定很感兴趣的是：这家海外子公司后来的命运怎么样了？

我们还是用数据来说明吧！

第一年：年度总销量 398 万美元，毛利率 10.5%，运营亏损 46 万美元。

第二年：年度总销量 197 万美元，毛利率 20.6%，运营亏损 16 万美元。

第三年：年度总销量 566 万美元，毛利率 13.0%，运营盈利 29 万美元。

之后我就离开了，如我之前所言，因思虑不周犯下的错误，我们可能需要花费十倍的力气去弥补。在运营海外子公司的这几年里，我更多扮演的是一名救火者的角色，在千疮百孔中疲于奔命，尽管最终略有所成，然而衡量一个项目，我们需要看待投资回报率，尤其对于一个上千万的投资项目来说，考验的还有投资者的信心和耐心，以及对自有品牌化道路的坚持。所以很遗憾，这个项目在我离开之后就结束了。

看完故事，你可能会觉得，这家公司的设立看上去可不怎么聪明，但我不这么认为。站在旁观者的角度去看待一件 9 年前的事情，我们可以貌似很客观地挥斥方遒，指点江山。然而假如换了我们自己位于当年决策者的角度，在没有任何一种可借鉴模式的情况下，我们是否真的能够做得比当时更好呢？而且，作为行业内第一家以独立子公司模式入驻墨西哥的公司（行业 TOP2 都比我们迟了两年），这是应该钦佩的，因为这家公司拥有对品牌国际化道路的勇气。

以史为鉴吧！

第九节　他的成功不可复制

先跟大家讲个小故事（故事来源于网络）：

二战期间，盟军需要对战斗机进行装甲加厚，以提高生还率，但由于军费有限，只能进行局部升级。那么究竟哪个部位最关键，最值得把装甲加厚来抵御敌方炮火呢？人们众口不一，最后一致决定采用统计调查的方式来解决，即仔细检查每一驾战斗机返回时受到的损伤程度，计算出飞机整体的受弹状况，然后根据大数据分析决定。

不久，统计数据很快出炉：盟军飞机普遍受弹最严重的地方是机翼，有的几乎被打成了筛子；相反，受弹最轻的地方是驾驶舱及尾部发动机，许多飞机的驾驶舱甚至连擦伤都没有。正当所有人拿着这份确凿无疑的报告准备给机翼加厚装甲时，一位统计学家（Abraham Wald）阻拦了他们，提出了一个完全相反的方案：加厚驾驶舱与尾部。理由非常简单：这两个位置中弹的飞机，都没有回来。换言之，它们是一份沉默的数据——“死人不会说话”。

最后，盟军高层采取了这个建议，加固了驾驶舱与尾部，果然空中战场局势得以好转，驾驶员生还率也大大提高。事实证明，这是一个无比英明的措施。

这个小故事的核心就是“幸存者偏差”，它说的是人们往往只看到某个筛选之后的结果，而看不到筛选的过程。

不要盲目迷信那些《面试圣经》

还记得好多年前，当时我就职于一家大企业，有次在面试一个小姑娘的时候出了一道问题：

“井深十米，青蛙在井底往上跳，每次跳三米就会下滑两米，请问青蛙需要跳多少次能跳出这口井？”

小姑娘足足算了五分钟没有结果，最后紧张得都快要哭出来时，我淡淡地说了句：“明天去人力资源部报到。算不出来就入职之后再慢慢算”。

小姑娘都懵了，我猜她对于这个结果一定很迷惑：难道回答不出问题才是应聘成功的关键？又或者说我的其他能力实在太出众了？

然而她不知道的是，那段时间只有她一个人来面试，简历也是领导亲自交到我手里的。当然她的综合能力也不算差，更重要的是，她是个美女。

我读大学时很喜欢看别人的面试心得和面试经验，然而自从我开始招聘别人后，我就对这些心得嗤之以鼻。因为我知道这些所谓的“成功经验”，从来都是自己的臆想而已。

作为幸存者本身，人们往往会低估了在一件事情里面运气的作用，又或者说，在某些你看不到的领域里直接影响到结果的因素。这种情况对于大神来说无所谓，因为他已经成功了。但对于尚未成功的同志们，这一点需要注意。

不要盲目迷信别人的成功经验

有些大神很喜欢在网上晒自己拿下大客户的心得，甚至把邮件原文都晒出来了，好像你把邮件照着写一遍订单就能滚滚而来似的；有些大神会告诉你客户之所以没有回复邮件，是因为你的标题写得不好，得把 good 改成 excellent；有些大神告诉你他之所以能够成功，是因为天天早起上班，见过凌晨四点半的肯德基；有些大神到处宣传他的学生一年买奥迪两年住别墅，说得好像所有学生都能做到似的。

更何况，在人类的普遍心理里面：

所有自己的成功，人们往往都倾向于归结为自己的能力出众。

所有自己的失败，人们往往都倾向于归结为自己的运气不好。

所有别人的成功，人们往往都倾向于归结为别人的运气好。

所有别人的失败，人们往往都倾向于归结为别人的能力不强。

这是一种人类的自利性偏差，能够写出来给人看，说出口给人听的事情，都不是从客观出发的。就好像我们有时候在天涯论坛看到的狗血剧情帖子，女主哭诉老公多么不负责任不顾家庭，就在围观酱油党们义愤填膺之时，男主出来了指责老婆不干家务不理公婆。

信谁?

能信谁?

谁都不能信!

因为不管基于多么客观的事实，人们都会在有意无意之间，放大对自己有利的因素，缩小对自己不利的因素。

所以我的观点是：成功是没有办法复制的，成功学本身就是一个伪命题。

就算上帝克隆出100个BAT（百度、阿里巴巴、腾讯三大巨头首字母浓写）放到100个不同的行业里面，最终可能也只剩下一个成功者，更何况和BAT相比如同蝼蚁般弱小的我们，怎么能指望沿着成功者的脚印夺得属于自己的王冠?

古人说："以铜为鉴，可以正衣冠；以人为鉴，可以知得失；以史为鉴，可以知兴替。"

然而以幸存者为鉴，只会扑大街，因为有100种可能会让你死无葬身之地。

还是多逛逛失败者的墓地吧!

第八章　关于外贸行业的思考

第一节　国际贸易的三个风口及下一个到底是什么

我一直在思考一个问题：风口上猪都能飞，如今国际贸易的风口到底在哪里？古人说“以史为鉴，可以知兴替”。那么我就来尝试回顾一下以往这些年国际贸易的发展历程。

以广交会为代表的国际贸易展会

在我看来，以往有几个关键词。第一个就是“以广交会为代表的国际贸易展会”，这应该是第一个风口，只要舍得砸钱，订单肯定是络绎不绝的。我有一个朋友当年带着老婆孩子去参展，他负责收钱，他老婆负责发货，当时生意火得不得了，连孩子走丢了都不知道，幸好最终把孩子找回来了。但现在展会的情况呢？一个词“鸡肋”。对于中小企业来说可能有用，但对于某些大企业来说，效果甚微。大家更多的反馈，是“这一届客户又少了”和“今年客户又过来压价”。最终我们得出了一个结论，就是“外贸越来越不好做了”。但事实并不是这样，外贸确实是没以前好做。但主要原因还是在于，假如我们只着眼于广交会的话，广交会所吸引的本来就是那批要来压价的客户，而真正优质的客户，现在根本就不会来。

以阿里巴巴为代表的 B2B 平台

第二个关键词，是“以阿里巴巴为代表的 B2B 平台”。这是第二个风口，只要舍得砸钱做橱窗、直通车等，订单根本不用发愁。但问题来了，随着越来越多的供应商入驻阿里巴巴，客户们突然觉得不知道该怎么挑选供应商了。确实，阿里巴巴搭建了一个供需双方的沟通桥梁。但我作为买家跨过桥来一看，这里闹哄哄地跟菜市场似的，一个比一个低价，但看上去又一个比一个不靠谱，于是优质买家们都离开了。这也是为什么有用阿里巴巴的企业会经常抱怨阿里巴巴上来的都是小客户，都是问了价格就没下文的客户，因为阿里这个平台吸引的就只能是这类客户。这个跟广交会是同一个道理，这两个平台本身的属性，决定了我们的客户结构。说到客户结构，我前几天听到一组数据，零售商客户现在过得并不怎么样。乐购利润率下滑了 92%，沃尔玛利润率只增长了 0.6%，那么原本属于他们的钱给谁赚去了？答案是网店的店主们，就跟咱们的天猫京东一样，现在买东西谁不先上网看看？电商的蓬勃发展确实让传统零售商的日子越来越不好过，例如前段时间沃尔玛就宣布了某些采购项目不再和利丰合作。这对中国供应商其实不是一个好消息，这意味着沃尔玛会有更加强硬的利润要求。所以调整客户结构对于传统外贸企业来说，势在必行！而所谓寻求客户结构的调整，简单来说就是去抱那些现在或者将来日子过得比较好的客户的大腿。假如我们在将来都还只是揪着传统客户的袖子不放的话，那他们日子不好，我们自然也就水深火热。

全网营销

第三个关键词，“全网营销”。这是一个几年前兴起的概念，有些人说它已经走完了三分之二，有些人说它只走了三分之一，但实际上对于许多传统外贸企业来说，甚至都还没有迈出这一步。所谓全网营销，就是依托目前蓬勃发展的互联网以及移动互联网，以自有企业网站为基地，通过 Facebook、Twitter、Linkedin、Instagram、Google 等工具进行社交化的营销。要做到这一步，首先要有一个能够吸引人的企业网站。引流到阿里巴巴等店铺是完全没有意义的，因为那始终是别人的东西，哪天你要不做阿里了，那之前所有的一切就都是白费。其次是要有针对性地去选择营销工具。有些培训师会将很多的工具都列在同一个界面，看起来很“高大上”但其实那是唬人的，能利用好一样工具就已经很不错了。最后要制造出吸引人眼睛甚至传播的内容，例如博客、视频、海报，等等。我们以前弄一个蓝天白云的大背景，再放一张产品的大图片，以及参数规格表的做法，已经可以放弃了。那么为什么说全网营销是个风口？

我个人的看法是，因为它能够和两点做到比较紧密的结合。

1. 品牌的国际化传播

先说第一点。十年前大家就有一个非常明确的认知，说中国外贸的出路在于自有品牌和国际化道路，但很遗憾一直都处于一种低级或者跌跌碰碰的状态。所谓自有品牌，不外乎把原本的 OEM 品牌换成自己的品牌，仅此而已，至于如何去推广，不懂。而国际化道路则是跑到国外去设办事处，设分公司，设工厂。但这对于中小企业来说并不现实，不一定是花不起这笔钱，而是很难将钱花得有价值。因为涉及文化、财务、法律等国与国之间的差距，鸿沟实在太深了。但是在全网营销的体系下，我们能够很好地对自有品牌进行传播和渗透，这几乎是目前性价比最高的方法了。

2. 目前风风火火的跨境电商

第二点，跨境电商，目前火得不得了的一个词。我们先来看几组数据：2014 年跨境电商进出口交易规模有 4 万亿元，而 2013 年是 3.1 万亿元，连续两年增长超过 30%，占所有进出口交易总额的 11.9%。它主要包含了进口和出口两个方面，其中出口占比 86.7%，进口占比 13.3%，当然站在我们的角度只谈出口。跨境电商为什么会火？让我们看回广交会和阿里巴巴，他们在国际贸易的进程中起的到底是什么作用？是改变了贸易的本质吗？不是，其实他们所做的，是缩短交易的流程以及提高交易的效率。而跨境电商，则是进一步缩短了交易的流程。本来我们的商品，需要经过进口商、品牌商、代理商、经销商等环节才能到消费者，现在可能一步就到达消费者了。本来一场交易我们需要经过询盘、报价、复盘以及各种谈判最终才能成交，现在都是明码标价的，点一点鼠标就完成交易了。像我和同事开玩笑说，我不喜欢去菜市场买菜，即使我知道菜市场比超市便宜，因为我要是不讲价吧，我觉得我亏了，讲价吧我又觉得很烦，所以我宁愿去超市买菜。而全网营销，在推动跨境电商的发展中，起到了重要的作用，因为它能够帮助企业将品牌和销售渗透到以往触及不了的地方。

国际贸易的下一个风口

谈完了过去和现在的三个风口，最后一个非常重要的问题来了，国际贸易的下一个风口在哪里？我给大家讲一个故事吧。红领西服，以前只是给别人做代工的，而现在很牛地推行了全定制的服务。它的口号是“互联网工业的缔造者、设计者和推动者”以及“让定制不再奢侈”。它的模式是大数据结合 3D 打印机的模式，采取 C2M 的做法，customer to manufacturer，根据客户需求来生产制造。它甚至做到只要你走进扫描仪器，你的头型、肩型、身形、腿型等数据就全部进入数据库了，之后所有的数据传输回工厂，西服就可以被做出来了。当时我听到这个故事的时候，立马就在思考有没可能将这种模式跟我自己的产品结合起来，甚至想以后可不可以直接通过电脑、手机的摄像头就能完成信息的自动采集。因为以往的几十年中，我们一直在强调批量化大规模生产，我们一直恨不得只有一个型号的产品以达到采购及生产效益最大化，然后我们卖什么客户就得买什么。但现在时代不一样了，现在可能是一个订单碎片化的时代，可能是一个以客户需求为导向的时代。在这样的一个时代里，我们身为传统外贸企业，究竟要怎么做才能真正不被历史的浪潮湮没，是一个值得所有人思考的问题。

第二节 价值的持续输出

一篇文章叫《我有三种办法，延长网红生命周期》，从新鲜感（感官刺激）、满足感（工具作用）和参与感（内部刺激）三个角度进行了阐述。里面提到了一个观点：拼命生产更优质的内容，对于延长网红的生命周期，并没有太大的帮助。

之后有人问了：假如生产内容没用，那么“外贸基友团”作为一个网红品牌，又该如何延长寿命呢？

什么是网红

网络红人，这么定义“网红”没错。但实际上网红的含义一般指的是像芙蓉姐姐、凤姐、奶茶妹、小马甲等给受众带来“感官刺激”的群体，例如搞笑、逗比、吐槽、美感、情感、共鸣，等等，其本质是“新鲜”。然而不管你笑过哭过还是伤过叹过，这一切对于你的生活都不会产生任何的影响和改变。所以当有一天你不再觉得新鲜，也就是文中所说的“刺激适应”，你自然就觉得没意思。总而言之，我认为网红其实是娱乐性质的。

另外，“外贸基友团”算不算网红？

我个人觉得不算，当然更主要一个原因是我们根本就不红。

作为一个分享或者教育性质的自媒体，和“十万个冷笑话”这种自媒体相比，最大的不同就是：垂直领域的自带黏性。因为你能够持续地从这类自媒体身上吸收东西，只要对方能够持续不断地产出内容的话。

回到一个本质问题，这类自媒体是“有用”的，所以根本不存在产出再多内容也无法延长寿命的问题，因为这类自媒体根本就不算是娱乐至死的网红，并不会存在“超出保质期”的情况。

毕竟在任何阶段，人们喜欢的娱乐有所不同，但人们喜欢的学习都是一样的，否则大学早就应该被取缔了。当然你也可以说现在的大学不外乎就是混个学历罢了，毕竟社会需要用这个来对人才进行筛选和甄别。但假如真是如此，又如何解释当今社会上如春笋般崛起的大大小小各种培训机构?

所以除非哪天我们宣布外贸基友团解散，不再生产内容了，否则市场一直都会存在。

“持续生产内容”实为不易

然而“持续生产内容”说得简单，做起来真难。且不说产出的内容要紧跟市场逐步升级，仅“持续”二字，就足以把许多人挡在门外。就好像曾经许多号称“干货流水线”的大神们，现在可还安在?至于内容要紧跟市场逐步升级就更难了。我从2013年4月开始写文章，从一开始的一天能够写两篇，到现在一个月都不一定能够憋出一篇，思考和总结占据了越来越多的时间。毕竟我不是培训师，一个主题翻来覆去讲几百遍，举的案例都是改革开放时期的故事，这种事情我还做不出来（我在职时某收费3.5万元/天的培训师就是这么干的）。在这个世界上，新鲜或许可以夺人眼球，但你的价值终究取决于你能够给世界上其他的人产生多少的“作用”。不管是对客户还是对公司，我们不要做绽放一时的网红，而要做默默耕耘的老黄牛，正如同一句话叫：以色事人者，色衰而爱弛，爱弛而恩绝。这和我们做企业其实是同一个道理。

在上一次门徒俱乐部的课程上，老麦说了一件事情对我的感触非常深，他说："企业的发展有四个阶段——小而全，小而专，大而专，大而全。"

有许多企业，在迈过了小而全的生存期，即将进入小而专阶段的时候，又会因为"诱惑多了"、"心智膨胀了"等原因，又或者听谁说"无人机好做"、"电子烟有市场"等话，就贸然进入一个新的领域，最终又退回到小而全。

深入挖掘自己固有产品的优势

对此我深有体会，因为根据我的观察，实际上有太多的企业一边抱怨着同质化严重，一边又着急引进别人口中的"风口产品"，而从来没有想过要如何深挖自己原有产品的卖点，要如何让自己的产品给市场带来更多或者更不一样的价值。

举一个例子，我师父有次去日本出差，到一个咖啡馆喝咖啡，喝了几口觉得咖啡不够凉，就让服务员加冰块。结果服务员拿来的冰块，并不是我们经常看到的用水做成的冰块，而是用咖啡做成的冰块，而且还是和顾客手中的咖啡同一种的，其目的就是为了让客户的口感体验不会发生任何的变化。从那次起，我师父就对这个咖啡馆品牌形成了非常深刻的印象。

请问这里面涉及技术壁垒吗？有涉及科技创新吗？没有！这只是

转换一个思维角度而已，但你没有在这个行业里面沉浸的话，可能永远都想不到这一点。

我不想再说什么“坚持”或者“沉淀”这种正确的废话，告诉大家一句话：功夫到了，自然水到渠成。如同中国足球一样，15 年后再返世界杯预选赛 12 强。我们想要继续存活 15 年，只需要安静地继续走下去，就够了。

第三节　脸谱化的广交会

根据中国海关总署的数据，2015 年前三季度，中国进出口总值相比去年同期下降 7.9%，其中出口下降 1.8%，进口下降 15.1%。外贸形势不容乐观，这一点在身为进出口晴雨表的广交会上，也有明显的表现。据新闻报道，相比 116 届（2014 年 10 月）的 9.6 万人以及 117 届（2015 年 4 月）的 9.2 万人，118 届（2015 年 10 月）广交会的第一期境外采购商数量仅为 8.9 万人。这对我们来说无疑是个“好消息”，因为我们终于可以理直气壮地给一个安慰自己的借口：全球经济不好，我也没办法。

然而真的只是因为经济不好吗？有一句话说得好：“即使我们创造了伟大，但假如我们对如何创造伟大一无所知，那这样的伟大是毫无意义的；假如我们遭遇了失败，但又对因何失败茫然无知，那这样的失败也是毫无价值的。”对于许多依托广交会发家致富的企业来说，在今天这种展会效果大幅下滑的困境下，我们很有必要深思到底因为什么。

我在 2005 年开始参加广交会，迄今差不多去了 20 届，从 2011 年开始以采购商的身份逛展，那个时候我就有一种非常深刻的感受，那就是：中国供应商的同质化实在是太严重了！不管是摊位的设计、摆放的产品还是人员的笑脸，全都一样。

不得不承认的是，中国的民营企业是完全不懂得竞争的（当然国有企业更是如此），又或者说，它们的竞争哲学只有一个，那就是价格战。因为现有的制造业企业家大多数还是分布在“60后”及“70后”，他们的第一桶金挖掘于一个供小于求的年代，一个made in China就等同于“物美价廉”的年代，一个“借鉴”几款欧美流行设计就能在全球大卖特卖的年代。到了今天，中国制造业成本竞争力大幅下滑（根据波士顿咨询数据，2014年在美国生产只比在中国生产贵4%，而之前一直是20%左右），且四周“群雄”环立，民营企业家们瞬间就慌了手脚。而这一点影射到广交会上就特别明显：公司恨不得把所有的产品都搬到摊位上，这样客户看不上A好歹还有B、C、D可以当候补；公司恨不得把所有业务都派到广交会上去，这样就不会错过任何一个能抓住客户的机会；广交会每天业务都得开会汇报工作，交代拿了多少名片见了多少客户下了多少订单云云。

然而实际情况是怎样的？相信参加过广交会的人都知道：

（1）产品越多，重点越少，越不能让客户记住自己。

（2）业务越多，越显得客户少。真要来这么多人，派一些去收集行业和竞争对手信息不好吗？

（3）广交会是去拿单的吗？除了个别例子，真的还有客户会在现场下单吗？

作为一个有良心的采购商，我的建议如下。

明确参展的目的到底是什么

参展不是来下单的。作为一般供应商，参展的目的应该是：

1. 展示最新产品

我曾经在朋友圈发过一张客户在国外参展时的摊位照片，如图 8－1。

图 8－1

当时还引来了评论说："天哪！他们是第一次参加展会吧？这么少的产品，应该没什么人过来看吧？"

然而事实刚好相反，客户当初发这张照片给我的原文是：We don't know why but our booth was full all day，they were very interested in our products.

我大概知道原因：

（1）整个摊位的设计和摆设简约温馨有特点，逛累了有沙发坐有美女看。这和在国内恨不得把整个展厅搬过去的做法完全是两种不同的风格，难怪有一句话叫“我们说老外浪费展位，老外说我们浪费展品”。

（2）展会开始前一天我们刚刚从中国空运了最新出炉的型号样品，这款产品在客户整个国家拥有的公司不超过两家。

2. 能降价的，给降价；不能降价的，给理由

广交会是最好的压价场所，没有之一。

我从第一家逛到第 N 家，把最低的价格往下再走 10% 拿给我最喜欢的三家，告诉他们这就是我的目标价格，你说他们是给还是不给？要是不给，反正产品都差不多，我扭头就能找到另一家供应商；要是给，我拿着对方的签名 PI 走进另一个摊位，说某某已经给了我这个最新价格了，该怎么做你们看着办。

真要在现场看着办就麻烦了，给还是不给，在去展会之前就要想好。给，要有理由，不给，也得从容。多年前我陪同客户拜访一家大公司的广交会摊位，都接近确认订单了，但就在我们提出目标价格时，对方业务紧张得满头大汗，一边按计算器，还一边低声自言自语。整个过程足足持续了 10 分钟，这样的业务素质连客户都看不下去了，问我“Do we have to confirm now”？后离开。之后几年这家公司再也没能进入我们的潜在供应商清单。

3. 寻找潜在新客户

我曾经去过某些摊位。

要目录，没有；谈产品，不熟；询价格，不给。

我问：“你们到底是来干什么的？”

对方结结巴巴地回答："广交会后我们会给你发邮件和报价的。"

阿里巴巴普通账户一年也才 29 800 个，一届 3×3 的非官方摊位就已经差不多 12 万元了，难道就只是给你用来拿名片的吗？

除了非常有意向的新客户，否则客户在每个摊位基本停留不了几分钟。假如你没有办法在这几分钟之内给对方留下印象的话，事后还能让对方想起你的概率微乎其微。而这样一个对你毫无印象的客户，和你在网络上找来的客户，能有什么不同？

所以，开发新客户并不等于拿名片。在短短的几分钟内，你卖弄专业也好，表现情怀也罢，甚至卖萌也可以，让客户记住你，这样在后续的邮件沟通中才会更加顺利。

4. 告诉客户行业的最新发展动态

我的某一个客户经常问我：What happen in China recently？尤其是他没办法参加广交会的时候。

今年市场上哪个重点客户跟哪个供应商买了多少，哪个客户发生了什么事情，哪个供应商又出了什么质量问题，或者刷新了哪个最低价，市场有没有出现什么新兴品牌，行业有没出现有什么新技术，未来一年的价格趋势可能会如何……这些都是客户很关心的问题。

请扪心自问，这些你都能回答得上来吗？与其沉浸在销售技巧中无法自拔，整天研究"客户说价格贵了怎么办"以及"推迟交货期了怎么办"等问题，还不如把时间花在研究自己的产品和行业上。

差异化是最重要的东西

世界上有没有两家不同的公司拥有完全一模一样的产品？

我的观点是没有。

即使是百分之百相同的零部件供应商，完全一致的来料检验标准，相同的组装生产流程，工人的受训以及熟练程度总该不一样吧？QC 的执行力度总该有些偏差吧？一根螺丝的紧松程度总该有些不一样吧！我们把产品的概念再放大一些，因为客户是否下单的因素并不仅在产品本身，还有公司的规模实力、品牌形象、推广程度、销售能力以及服务能力，等等。我们会很清晰地发现，完全一样的供应商是不可能存在的，只不过很多人并不懂得如何将这些“不一样”展示给客户看而已。

我来举两个例子。

第一个例子，本届广交会我路过一个余姚工厂的摊位，问了价格之后说：“你的价格怎么比别人贵那么多?”

请注意了，这个时候对方并没有说什么“我们产品质量好”或者“我们的服务更专业”等虚无缥缈的东西，他只是简单说了一句话：“我们的关键零部件都是特意从广东采购的。虽然说比余姚本地采购的要更贵，但是质量更有保证，大家都是中国人你懂的。”

第二个例子，whatsapp 有个非常不好的功能，就是只要你知道对方的手机号码就能够通过 whatsapp 给对方发信息，这功能让我不胜其烦，不经允许就加我的基本上都被列入了黑名单。但本届广交会有个小姑娘的做法就很聪明，她首先问能不能加我的 whatsapp，因为当场不好意思拒绝于是我就同意了，随即她通过 whatsapp 发了一张她们公司的摊位照片。在我们离开摊位之后又发邮件说“Hi！我就是刚刚在 whatsapp 给你发照片的某某”。

作为供应商，应当具备以下思维：

（1）产品上，我们首先在产品和公司层面深挖是否有和别人不一样的地方。

（2）营销上，假如产品一样，那我们可以尝试是否能够说得和别人不一样。

（3）服务上，假如说得都一样，那我们就看是否能够做得和别人不一样。

这就是差异化，就是那个能让客户记住你并且能够产生额外价值的东西。

服务好，并不等于要弯下腰

“客户虐我千百遍，我待客户如初恋”似乎已经被神化成服务好的一种境界了。于是在客户眼中，笑脸就成了中国供应商最常见的面孔。似乎无论他们怎么傲慢和冷漠，刁难和冷笑，再无理的要求都不会产生任何不良的后果。

我的老师经历过这么一件事情：有一天他和某大型零售集团谈判，由于实在没法给出更低的价格把对方给逼急了，一句“fuck you”冲口而出。他脸色一沉，狠狠地把笔记本往桌上一摔，二话不说就走出了会议室，把客户十几个人都晾在了屋子里。老板听说这件事情后赶紧给他打电话，说不管怎样对方都是客户云云，但这套说辞没用。最终还是客户派人把他请回去并当面道歉这事才算完，而且最终订单也确认下来了。

大家可以想象一下，假如在这场谈判中我的老师不是选择了夺门而出，而是选择了“是是是您说得对”的话，迎来的一定是愈加狂风暴雨的压价。在商业中，只有一方赢而另一方输的不叫谈判，那叫割地赔款。不管再怎么“客户就是上帝”，采购商和供应商双方在人格上必须是平等的，而且也只有平等，才能得到对方的尊重和重视。我在广交会上冷眼旁观有些供应商对采购商卑躬屈膝，客户坐着，他蹲着或弯腰站着，不管客户说什么都“是是是”赔着笑脸，连递个水都是小跑前进，事后还洋洋得意地说自己是“服务好”。这样的奴性脸孔，客户怎么可能记得住，即使记住了，又怎么会在意？而一旦在谈判中双方的地位不平等，那就只能客户说什么你就给什么了。

随着互联网的发展、展会红利的逐渐消失以及国内外专业展会的崛起，广交会已经越来越成为鸡肋般的存在。只是这种外部条件的流失并不能成为我们抱怨的借口。尽管参展商越来越多，客户越来越少，但在找到另一个行之有效且适合本公司的海外推广途径之前，我们唯一能做的，就只能是深挖广交会的剩余价值而已。

第四节　跨境电商与中国外贸

在包括广交会在内的展会效果越来越鸡肋的时候，人们渐渐将眼光投向了跨境电商身上。

在我的朋友圈里面也有不少从事跨境电商的人，每天我拿起手机都能看到不少例如“跨境电商大会”、“跨境电商峰会”、“跨境电商年会”之类的活动，而且每场活动都会有很多人参加。每当这个时候我都会想起 Alex 雷鸣曾经发过的一条微博，大意是这样的：当每一个跨境电商会议上台演讲的嘉宾不是亚马逊就是速卖通这种第三方平台时，你能指望他告诉你多少跨境电商的真相？他只会告诉你：来吧！来我这里开店吧！

这种做法就跟保险公司，或者我们举一个更接近的例子，跟阿里巴巴是一样的。他们会请一些赚到钱的公司或个人，这个告诉你他通过阿里巴巴拿到了多少订单，那个告诉你他通过阿里巴巴赚到了多少钱。但是你必须知道，赚钱的人到底占据了总数多少个百分比？就如同国内风风火火的天猫淘宝，赚钱的商家到底有多少？据媒体称，这个数字只有5%。我们稍微宽容一点，放大一点这个比率，我相信也不超过10%，然后另外10%不赔也不赚，剩余的80%全在亏钱。

至于跨境电商，我们来看看被称之为"外贸电商第一股"的兰亭集势，截止到2015年6月30日，它已经连续7个季度亏损。我们可以设想的是，假如行业排名靠前的企业都在不断亏损，我们凭什么认为自己能赚到钱？

但是，在目前跨境电商风风火火的形势下，依然有不少企业企图抓住这根所谓的救命稻草，尤其是目前陷入困境的中国制造业，尤其是民营企业。而我认为，今天的国内电商，就是明天的跨境电商。电子商务终将走下神坛，而跨境电商也肯定拯救不了中国制造。

跨境电商与中国制造

我们先来看看传统外贸的链条是什么。

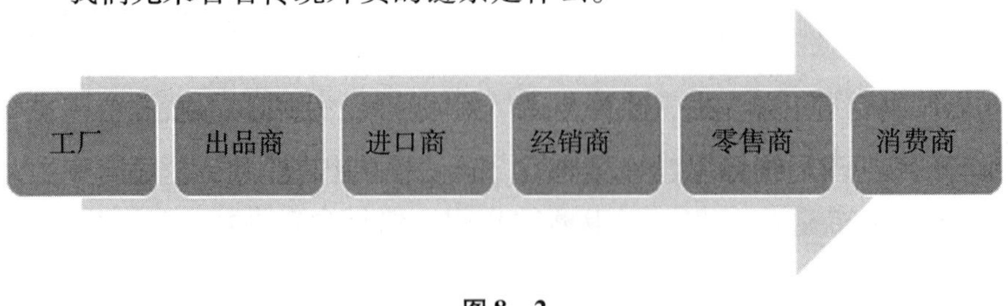

图8－2

如图 8－2 所示，传统外贸从最上游的工厂开始，需要经过工厂、出口商、进口商、经销商、零售商，最后才会到达消费者手里。而随着时代的发展，成本的上升，中间的链条渐渐消失。例如：

出口商没了，工厂直接向海外销售；

进口商没了，原本作为他下线的经销商直接跟工厂采购；

经销商也没了，零售商直接跟工厂采购。

发展到今天，随着跨境电商的出现，整个链条就变成了图 8－3 中的样子。

但是，在这个链条里面，除了跨境电商取代了以往的出口商、进口商、经销商和零售商，有本质上的区别吗？

图 8－3

没有！这个和我们以前和进口商在价格上谈不拢，就跑去挖对方的下线客户在本质上是完全一样的。我举一个简单的例子，你报给某个中间商的 FOB 价格是 100 美元，你知道他报给沃尔玛的价格是 150 美元，那么你跑去直接联系沃尔玛说我是工厂 140 美元卖给你吧，沃尔玛会接受吗？会，但是可能性不大，而且不可能长久。因为任何一个合格的采购，都绝对会把这个价格往死里压，你最终成交的价格，比 100 美元好不了多少。

所以不管是以往的挖客户下线，还是现在的跨境电商，对于我们来说，都没有本质上的区别。所谓跨境电商，它其实就是应用互联网工具来达到降低交易成本的一种手段，但是它并没有改变交易的本质。交易的本质是什么？

一块钱是换不来一块一的，你只有先把一块钱变成商品，再赋予它额外的价值，再将它卖给认同这个价值的人，你才能够换回来一块一，这就是交易的本质。但是不管你卖的是奶粉、化妆品，还是无人机，只要你的产品还和以前一样，那不管你做的是跨境电商还是跨宇宙电商，你最终一定会陷入价格战的泥潭，然后发现钱都给第三方平台赚了。为什么？因为你没有赋予产品额外的价值。

你或许会问一个问题，上面的这个链条，是跨境电商成为我们的客户，那要是我们自己做跨境电商是否可行？

我的看法是不可行，或者说即使可行，也必须付出相当大的代价，这个和工厂自建外贸团队是一个道理，并不是我们懂点英语再开个阿里巴巴就能做外贸的，对吗？对很多工厂来说，他们根本就不具备跨境电商的基因，又或者说在他们以往几十年的思维里面，销售就是我把货物生产出来，再装到柜子里发出去，然后就没有他们什么事情了。这种纯粹的 FOB 思维，连仅仅到进口商环节的 B2B 都已经不再适用，更何况是那种直达消费者手中的 B2C？

这个时候可能有人就会问，不做跨境电商的话，那我应该做什么才能解决现在面临的问题？

中国制造到底出了什么问题

1. 沉没成本

外部订单减少和内部成本上升，是目前面临的两大主要问题。但归根结底，我认为这是以往几十年野蛮生长所带来的大量沉没成本，在全球经济放缓的客观形势下最终爆发出来的必然结果。

什么是沉没成本？是因为过去的决策已经发生了的，而且不会由于现在或者将来的任何决策改变的成本，就是沉没成本。它是个很有意思的概念，举一个简单的例子，你花 5 块钱买了个苹果，咬一口发现是烂的，那这个时候不管你再怎么处理这个苹果，这 5 块钱都是你的沉没成本，假如你为了不浪费而继续把这个苹果吃掉的话，那么你不仅损失了 5 块钱，你还吃了一个烂苹果。

举这个例子我想说明的是：假如你明明知道你的产品已经不具备市场竞争力了，但为了不浪费之前采购的生产线和设备，硬撑着做这个产品。那么你既丢了购买生产线和设备的钱，还把自己给拖到了死胡同里。

本来我们是有办法解决这个问题的。那就是 2008 年全球金融危机的时候，在外部的冲击下中国经济遭遇了一个断崖式的下跌，有大量的落后技术、过剩产能和滞销产品无路可走，但只要我们忍痛舍弃一些东西和改变一些东西，未尝不能找到一条新的道路。但政府的“四万亿”计划，给这些企业打了一剂强心针，让它们能够继续苟延残喘，让他们在原有产能和技术的基础上，去购买设备，去扩大产能。但是这“四万亿”只是透支了未来经济的景气，而六年之后当经济再次放缓脚步的时候，以往的这些投入就全部都变成了足以致命的沉没成本。

2. 价格战

在从“允许竞争”到“鼓励竞争”的发展过程中，价格战是个制胜的有力法宝。但大多数人可能没有看到的是，竞争力其实分两种，一种是价格竞争力，指的是因价格区别所带来的竞争力；一种是产品竞争力，指的是因产品区别所带来的竞争力。而价格竞争只是竞争的初级阶段。

所以我一直都不赞成纯粹的价格战，而建议大家打价值战。说起价值战，就不得不提“消费者剩余”这个名词。

消费者剩余是英国经济学家马歇尔在《经济学原理》中首先提出来的。我举个例子说明。

假如我是卖空调的商家，空调售价定为 100 美元。A 客户跟我的感情很好，他认为我的空调至少值 150 美元，那么对于 A 客户来说，消费者剩余就是 50 美元。而 B 客户跟我关系一般，他认为我的空调和奥克斯的毫无差别，顶多值 110 美元，那么对于 B 客户来说，消费者剩余就是 10 美元。

假如客户的消费者剩余为 0，他不可能跟你购买，假如客户对你产品的消费者剩余比对别人产品的低，他也不可能跟你购买，对吗？

所谓消费者剩余，就是买方愿意支付的最高价格减去实际支付的价格，而增加消费者剩余，就是市场经济的本质，那也就是说，所有的竞争都是围绕着增加消费者剩余来的，这样的话，我们有两种做法：

（1）提高买方愿意支付的最高价格，也就是提高买方对于产品的心理预期。

（2）减少买方实际支付的价格，也就是降低你的利润或者成本。

第二种做法就是降成本，也就是我们非常熟悉的价格战。举个例子，我所从事的空调行业，从三年前开始价格就在不断跳水，例如南美洲一个非常大的客户，他从中国采购的 FOB 价格，从三年前的 150

多元，到两年前的140多元，到一年前的130多元，再到今年的120多元，这在家电行业是个非常恐怖的跌幅。而且最要命的是，他基本上是今年谁能做到更便宜他就跟谁买，今年格兰仕，明年长虹，后年TCL，没有一个固定的供应商。

所以价格战确实有用，但它是一把伤人伤己的双刃剑。而且就算你想着“我今年亏钱先把客户抢过来，以后再慢慢涨”这种所谓的“战略性亏损”的话，不知道你有没有考虑过几个问题，那就是准备亏多少？亏到哪一天？什么时候能赚回来？赚多少？怎么赚？

我毫不客气地说，那些会被你用亏损价格吸引过来的客户，一定会在未来的某一天被另一个更低的价格给吸引走，而且没有最低，只有更低。另外，我刚刚举的例子还没讲完，这个空调大客户，不管他是跟谁买，是格兰仕、奥克斯、TCL，还是长虹，不管跟谁买都好，他都有至少50%的订单是固定给格力的，而且可以确信的是，格力给他的价格一定比别人的高。至于为什么，留待你自己思考吧。

到底什么才能拯救中国制造

首先我不是央视的经济学家，而且假如我要讲升级转型或者从制造转向智造的话你也不会关心，所以本节我主要谈两点：

1. 产品差异化

在一次线下活动的时候，有朋友问了一个问题：家里的生意，之前还不错，但近些年产品的同质化非常严重，除了不停降价之外，基本找不到活路了，应该怎么办？

我之前提到了沉没成本。大多数经济学家认为，假如人是理性的，那么在决策的时候就不应该考虑沉没成本。回到我们这个例子也是同样的道理，尽管我们以往十年都是从事这个行业这个产品，但既然现在已经确定这个产品很难再有出路，那我们应该做的，就是去寻找新的产品契机。“假如我们不能舍弃别人都有的，我们就没有办法收获别人所没有的”，对吗？

这个时候问题就来了，而且这个问题许多人都曾经问过：到底什么样的产品才是好产品？

具体哪个产品是好产品我不知道，但是好产品一定是具有下列特性的：

（1）定价与成本脱钩。

它的价格一定不是你把材料成本、人工成本等加起来之后再加上一个利润。它的定价，取决于客户心目中它的价值。

（2）服务于某个小而美的群体。

中国制造的代名词是“物美价廉”，几十年前确实这样。但是在各项成本都在不断攀升的今天，为了维持产品原有的价格水平甚至进一步降低价格水平，企业所做的工作就是不停地进行降低成本。参与过降低成本项目的人可能知道，所谓降低成本并不是通过更加先进的工艺或者技术来达到目的，而是将原本复杂的结构改成简单的结构，将原本真材实料的零部件换成偷工减料的零部件，将原本优质供应商的配件换成劣质供应商的配件。所以在今天，“物美价廉”注定变成了一个伪命题，美的东西不可能再便宜。但这个时候问题来了：我们为什么非要做便宜的东西？

在某些人眼中，中国制造就等于廉价，这固然是我们本身创新体系的缺失，对于我们来说模仿就是创新，但是这里面也未尝没有客观因素的存在。例如以往几十年里消费者的消费观念和消费能力决定了他们购买产品的第一考虑因素就是价格。然而现在，随着消费理念的转变和经济能力的提升，这个世界上有着大量愿意为性能埋单的客户。举个例子，在中国，股权和不动产加起来在 100 万美元以上或者夫妻双方年收入在 3 万美元以上的有一亿人，这部分人就是愿意为性能埋单的客户。我们去盯住这部分客户不好吗?

2. 思维差异化

人类的思维模式存在着两个巨大的缺陷，一个叫“固化”，一个叫“局限”。

所谓固化就是对一切新奇和自己不了解的事物 say no。举个稍微有点极端的例子：微商。微商其实本质并没有错，就好像我们去外面吃饭喜欢听朋友的推荐和评价一样，微商也是一种基于社交的产品推荐，只不过在发展过程中走了急功近利的弯路。又如同阿里巴巴，虽然大家普遍认为国际站很差，但这并不妨碍我们去学习它的“拥抱变化”，这就是一种开放的思维。

而局限更是绝大多数人容易陷进的困局了，因为你的圈子一直就这么大，就好像井中的青蛙，你让它如何去想象天空并不仅有眼前看到的那么大? 宁为鸡头不为凤尾，我们可以理解为“我的地盘我做主”，但鸡它始终也只能是鸡罢了。

在这里我想举一个例子，最近火得不得了的名创优品。这是一家 2013 年底才出现的公司，短短两年时间已经号称在全球开了 1 100 家门店，连我公司的客户，在上一届广交会过来的时候都想做这家店在沙特阿拉伯的代理。

为什么？是这家店的产品特别好吗？我看不见得，一家90%以上都是made in China且价位在10元左右的产品，不可能好到哪里去。但是这家店，浑身上下就是散发着一种“来吧，来做我的代理吧，做我的代理能挣大钱”的那种气息。

名创优品卖给代理商的毛利率只有8%，这是一个低到令人发指的数据。即使有一天它宣布毛利率为零，我也不觉得奇怪。因为已经有着大把的人手里拎着钱想要做他的代理，每一个代理首先就要拿出来200万元，10个人就是2 000万元，100个人就是2亿元，这里面有多少的钱属于名创优品的利润我不知道，但反正不会少。而且代理商越多就会越刺激产品销量，产品销量越大品牌知名度就越高，进而刺激越多的人想做它的代理。所以虽然它是线下实体零售店，但我认为它应用了互联网思维，它卖的真的是产品吗？我认为不是，他卖的实际上是流量。

举这个例子我想说的是：从事了这么多年的国际贸易，我们有没有考虑过，哪一天我们是可以不用靠产品利润来赚钱的？

我还想举另外一个例子。

大家可能不知道的是，空调其实是一个半成品，业内流传着一句话叫“三分靠质量，七分靠安装”，说的就是空调的性能表现和质量，实际上和安装有着非常大的关系。但是这么多年来，整个业界都没有在安装和维修领域有任何进步和提升，都只是将眼睛盯在空调本身。要么就提高能效，要么就更改面板设计，要么就推出所谓的wifi智能空调这种在我看来只是个噱头的东西。然而美的突然在这个领域发力了，太技术性的东西我就不讲了，总的来说有三点：

（1）通过修改机身结构，让客户安装空调的时间可以节省35分钟。

（2）客户维修空调的时间可以节省60分钟。

（3）不同型号的关键零部件实现了统一，例如一块PCB就能对应8个型号的空调，大大减少客户的备件库存压力。

国外人工成本有多贵就不用我说了，安装便利，维修便利，节省时间这三点对于某些客户来说吸引力是致命的。

而且除了原始设计投入和新开模具费之外，这款新产品的材料成本和其他传统型号几乎没有差别，但是售价能高出10%！

举这个例子我想说明的是：我们足够深挖自己的产品了吗？我们足够深挖客户的需求了吗？

再举一个例子，无人机。

无人机现在就是一个风口，但是大家一定会觉得无人机离自己很遥远。因为一想到无人机，每个人第一个联想到的肯定是航拍，或者是求婚，但这些都不是普通人干的事情。所以现在的民用无人机，注定只能够是发烧友的狂欢。所以市面上那么多的无人机品牌，不管再怎么号称击穿行业底价，不管再怎么号称智能飞行，它顶多也就是一个廉价版的大疆罢了，都是为发烧友准备的。而且想玩无人机的首要条件，就是要懂得飞。但玩过无人机的人都知道，这绝对不是一件容易的事情。为什么无人机就一定是给发烧友准备的？就好像傻瓜相机一样，普通人都能用，不行吗？基于这个原因，我们开发了一款为普通人设计的无人机，撞墙没事，撞人没事，掉到地上也能重新飞起来。就算你是完全没接触过无人机的小孩子，也没事，撞啊撞的你就会飞了。

这就是一种思维的差异化，我不敢说这种差异化就一定能够成功。但是从我们第一代产品还没完全下线，第二代产品还没批量生产的时候，就已经有客户预定了 100 万元人民币的货，我相信这已经在某种程度上说明了问题。

所以，没有传统的企业，只有传统的思维。我并不是要否定跨境电商，而是想说跨境电商并不一定适合所有人。风口上确实猪都能飞，但假如我们本来就是老鹰，还需要等风来吗？个中含义，留待你思考。

外贸大牛的术与道—后记

终于到了本书的末尾，心情有点小激动，想说几句煽情的话，可惜出版社不答应，说这样话风太割裂了，哈哈，好吧。

从三年前到现在，包括发表和未发表的，我总共写了约 30 万字的文章。或许你会问："丹牛哥你这么能写，是不是读过很多书?"然而很不好意思地说一句，我除了教科书、小说之外，还真的没有系统地读过什么商业相关的书籍，而我之所以能够写这么多，完全是因为我学会了将碎片化的信息整理成属于自己的体系，同时在应用到实际工作之后再学会提炼成合适的语言分享给大家。

是的，我认为学习只有经过了吸收、整理、应用和分享这 4 个环节之后，才能真正形成一个闭环，否则读再多的书，也顶多起到增广见闻的作用罢了。

前段时间和公司的同事们讨论在他们的预期中，希望三年后公司会是什么样子以及自身会是什么样子。会后其中一位同事给我发了一份长长的读书计划，我读了三遍，每一遍都有不同的感受。

第一遍：文笔还不错。

第二遍：看得出来做了不少资料调查。

第三遍：基本是个 mission impossible 的任务。

为什么？

他把读书计划分为了三个阶段，初级阶段，列举了计划阅读的 14 本书；中级阶段，列举了 24 本书，还不包括其他的 office、论坛、碎片化资料等。然而我猜测最有可能发生的事情是：最终一本书都没有读完。

我一直的看法是学习是反人类的，进步是反人类的，每个人的脑海里面都有着一块隐藏得或者深或者浅的懒癌，即使是我，假如我能够每天睡醒吃，吃饱睡还能够赚很多钱的话，我一定不会想要出来干活，也不会每天都去琢磨我下个星期要写什么文章。读书其实也是一样的道理，假如一个人没有从读书中感觉乐趣，或者没有从读书中感受自己一点点的提高，或者没有从读书中看到自己离目标越来越近，是不可能坚持下去的。否则，现在也没有什么读书会存在的价值，大家加入一个 group，每个月指定一本书给所有人阅读，通过这样一种仪式感和束缚感，逼迫自己静下心去阅读。

另外，当我曾经是一个销售小兵的时候，我认为公司的季度目标和月度目标很傻，觉得这种东西根本没有用，然而后来我慢慢地意识到，其实大目标或者长远的目标对于人类的天性是一种巨大的挑战，因为当一个目标过于庞大的时候，我们很大可能会感觉：（1）我似乎还有很多时间。（2）很可能会给我们造成一种错觉，那就是我们一直就只是在跑，而触碰不到目标，这样我们就会渐渐地失去了耐心、信心和希望，甚至跑啊跑的就会忘记了这个目标。（3）人脑更加擅长处理分块的信息。所以把大目标分解为小目标的目的就是：第一，让我们每一个阶段都有一个实现目标的成就感。第二，让我们有 dead line

越来越近的紧迫感。

假如在读书的时候，我们没有给自己设定一个接一个的分解目标，例如：我要在什么时候读完哪一本书，什么时候读完第二本书，之后再是第三本、第四本，同时没有每读完一本就将学到的东西糅合到现实生活和工作中的话，也做不到学会去写一篇用自己语言组织的总结的话，我认为这样的读书计划是很难完成的，又或者说很难对实际工作和生活产生正面影响，不要问我为什么会知道，因为这样的事情，我年轻的时候也干过。

既然你看到了这里，说明你可能已经翻完了整本书，那么，你有没有计划将自己学到的内容，做一份读书笔记、阅读心得或者体会总结呢？又或者，有没有考虑将你的这份读书笔记发给我，我们来讨论一下，你的所见和所思，你所理解的作者背后的思考逻辑，是否就是正确的呢？

搜索我的名字，你应该能够很轻易地找到我的微博或者微信公众号，让我们在书之外的世界里再见吧。

书目介绍

乐 贸 系 列

书名	作者	定价	书号	出版时间
跟着老外学外贸系列				
1. 优势成交:老外这样做销售	Abdelhak Benkerroum (阿道)	45.00 元	978-7-5175-0216-6	2017 年 10 月第 1 版
外贸 SOHO 系列				
1. 外贸 SOHO,你会做吗?	黄见华	30.00 元	978-7-5175-0141-1	2016 年 7 月第 1 版
跨境电商系列				
1. 跨境电商 3.0 时代——把握外贸转型时代风口	朱秋城 (Mr. Harris)	55.00 元	978-7-5175-0140-4	2016 年 9 月第 1 版
2. 118 问玩转速卖通——跨境电商海外淘金全攻略	红 鱼	38.00 元	978-7-5175-0095-7	2016 年 1 月第 1 版
外贸职场高手系列				
1. JAC 写给外贸公司老板的企管书	JAC	45.00 元	978-7-5175-0225-8	2017 年 10 月第 1 版
2. 外贸大牛的术与道	丹 牛	38.00 元	978-7-5175-0163-3	2016 年 10 月第 1 版
3. JAC 外贸谈判手记——JAC 和他的外贸故事	JAC	45.00 元	978-7-5175-0136-7	2016 年 8 月第 1 版
4. Mr. Hua 创业手记——从 0 到 1 的"华式"创业思维	华 超	45.00 元	978-7-5175-0089-6	2015 年 10 月第 1 版
5. 外贸会计上班记	谭 天	38.00 元	978-7-5175-0088-9	2015 年 10 月第 1 版
6. JAC 外贸工具书——JAC 和他的外贸故事	JAC	45.00 元	978-7-5175-0053-7	2015 年 7 月第 1 版
7. 外贸菜鸟成长记(0 ~ 3 岁)	何嘉美	35.00 元	978-7-5175-0070-4	2015 年 6 月第 1 版
外贸操作实务子系列				
1. 外贸全流程攻略——进出口经理跟单手记(第二版)	温伟雄 (马克老温)	38.00 元	978-7-5175-0197-8	2017 年 4 月第 2 版
2. 金牌外贸业务员找客户(第三版)——跨境电商时代开发客户的 9 种方法	张劲松	40.00 元	978-7-5175-0098-8	2016 年 1 月第 3 版
3. 实用外贸技巧助你轻松拿订单(第二版)	王陶(波锅涅)	30.00 元	978-7-5175-0072-8	2015 年 7 月第 2 版
4. 出口营销实战(第三版)	黄泰山	45.00 元	978-7-80165-932-3	2013 年 1 月第 3 版
5. 外贸实务疑难解惑 220 例	张浩清	38.00 元	978-7-80165-853-1	2012 年 1 月第 1 版
6. 外贸高手客户成交技巧	毅 冰	35.00 元	978-7-80165-841-8	2012 年 1 月第 1 版

书名	作者	定价	书号	出版时间
7. 报检七日通	徐荣才　朱瑾瑜	22.00 元	978-7-80165-715-2	2010 年 8 月第 1 版
8. 外贸业务经理人手册（第 2 版）	陈文培	39.00 元	978-7-80165-671-1	2010 年 1 月第 1 版
9. 外贸实用工具手册	本书编委会	32.00 元	978-7-80165-558-5	2009 年 1 月第 1 版
10. 快乐外贸七讲	朱芷萱	22.00 元	978-7-80165-373-4	2009 年 1 月第 1 版
11. 危机生存——十位经理人谈金融危机下的经营之道	本书编委会	22.00 元	978-7-80165-586-8	2009 年 1 月第 1 版
12. 外贸七日通（最新修订版）	黄海涛（深海鱿鱼）	22.00 元	978-7-80165-397-0	2008 年 8 月第 3 版

出口风险管理子系列

1. 轻松应对出口法律风险	韩宝庆	39.80 元	978-7-80165-822-7	2011 年 9 月第 1 版
2. 出口风险管理实务（第二版）	冯　斌	48.00 元	978-7-80165-725-1	2010 年 4 月第 2 版
3. 50 种出口风险防范	王新华　陈丹凤	35.00 元	978-7-80165-647-6	2009 年 8 月第 1 版

外贸单证操作子系列

1. 外贸单证经理的成长日记（第二版）	曹顺祥	40.00 元	978-7-5175-0130-5	2016 年 6 月第 2 版
2. 跟单信用证一本通	何源	35.00 元	978-7-80165-849-4	2012 年 1 月第 1 版
3. 信用证审单有问有答 280 例	李一平　徐珺	37.00 元	978-7-80165-761-9	2010 年 8 月第 1 版
4. 外贸单证解惑 280 例	龚玉和　齐朝阳	38.00 元	978-7-80165-638-4	2009 年 7 月第 1 版
5. 信用证 6 小时教程	黄海涛（深海鱿鱼）	25.00 元	978-7-80165-624-7	2009 年 4 月第 2 版
6. 跟单高手教你做跟单	汪　德	32.00 元	978-7-80165-623-0	2009 年 4 月第 1 版
7. 外贸单证处理技巧（第 3 版）	屈　韬	42.00 元	978-7-80165-516-5	2008 年 5 月第 1 版

福步外贸高手子系列

1. 外贸电邮营销实战——小小开发信　订单滚滚来（第二版）	薄如骢	45.00 元	978-7-5175-0126-8	2016 年 5 月第 2 版
2. 巧用外贸邮件拿订单	刘　裕	45.00 元	978-7-80165-966-8	2013 年 8 月第 1 版
3. 外贸技巧与邮件实战	刘　云	28.00 元	978-7-80165-536-3	2008 年 7 月第 1 版

国际物流操作子系列

1. 货代高手教你做货代——优秀货代笔记（第二版）	何银星	33.00 元	978-7-5175-0003-2	2014 年 2 月第 2 版
2. 国际物流操作风险防范——技巧·案例分析	孙家庆	32.00 元	978-7-80165-577-6	2009 年 4 月第 1 版

书名	作者	定价	书号	出版时间
3. 集装箱运输与海关监管	赵　宏	23.00元	978-7-80165-559-2	2009年1月第1版

通关实务子系列

1. 外贸企业轻松应对海关估价	熊　斌　赖　芸 王卫宁	35.00元	978-7-80165-895-1	2012年9月第1版
2. 报关实务一本通（第2版）	苏州工业 园区海关	35.00元	978-7-80165-889-0	2012年8月第2版
3. 如何通过原产地证尽享关税优惠	南京出入境 检验检疫局	50.00元	978-7-80165-614-8	2009年4月第3版

彻底搞懂子系列

1. 彻底搞懂关税（第二版）	孙金彦	43.00元	978-7-5175-0172-5	2017年1月第2版
2. 彻底搞懂提单（第二版）	张敏　张鹏飞	38.00元	978-7-5175-0164-0	2016年12月第2版
3. 彻底搞懂信用证（第二版）	王腾　曹红波	35.00元	978-7-80165-840-1	2011年11月第2版
4. 彻底搞懂中国自由贸易区优惠	刘德标　祖月	34.00元	978-7-80165-762-6	2010年8月第1版
5. 彻底搞懂贸易术语	陈　岩	33.00元	978-7-80165-719-0	2010年2月第1版
6. 彻底搞懂海运航线	唐丽敏	25.00元	978-7-80165-644-5	2009年7月第1版

外贸英语实战子系列

1. 让外贸邮件说话——读懂客户心理的分析术	蔡泽民（Chris）	38.00元	978-7-5175-0167-1	2016年12月第1版
2. 十天搞定外贸函电	毅　冰	38.00元	978-7-80165-898-2	2012年10月第1版
3. 外贸高手的口语秘籍	李　凤	35.00元	978-7-80165-838-8	2012年2月第1版
4. 外贸英语函电实战	梁金水	25.00元	978-7-80165-705-3	2010年1月第1版
5. 外贸英语口语一本通	刘新法	29.00元	978-7-80165-537-0	2008年8月第1版

外贸谈判子系列

1. 外贸英语谈判实战（第二版）	王慧　仲颖	38.00元	978-7-5175-0111-4	2016年3月第2版
2. 外贸谈判策略与技巧	赵立民	26.00元	978-7-80165-645-2	2009年7月第1版

国际商务往来子系列

国际商务礼仪大讲堂	李嘉珊	26.00元	978-7-80165-640-7	2009年12月第1版

贸易展会子系列

外贸参展全攻略——如何有效参加B2B贸易商展（第三版）	钟景松	38.00元	978-7-5175-0076-6	2015年8月第3版

书名	作者	定价	书号	出版时间
区域市场开发子系列				
中东市场开发实战	刘军　沈一强	28.00 元	978-7-80165-650-6	2009 年 9 月第 1 版
国际结算子系列				
1. 国际结算函电实务	周红军　阎之大	40.00 元	978-7-80165-732-9	2010 年 5 月第 1 版
2. 出口商如何保障安全收汇——L/C、D/P、D/A、O/A 精讲	庄乐梅	85.00 元	978-7-80165-491-5	2008 年 5 月第 1 版
国际贸易金融工具子系列				
1. 出口信用保险——操作流程与案例	中国出口信用保险公司	35.00 元	978-7-80165-522-6	2008 年 5 月第 1 版
2. 福费廷	周红军	26.00 元	978-7-80165-451-9	2008 年 1 月第 1 版
加工贸易操作子系列				
1. 加工贸易实务操作与技巧	熊　斌	35.00 元	978-7-80165-809-8	2011 年 4 月第 1 版
2. 加工贸易达人速成——操作案例与技巧	陈秋霞	28.00 元	978-7-80165-891-3	2012 年 7 月第 1 版
乐税子系列				
1. 外贸企业免抵退税实务——经验·技巧分享	徐玉树　罗玉芳	45.00 元	978-7-5175-0135-0	2016 年 6 月第 1 版
2. 外贸会计账务处理实务——经验·技巧分享	徐玉树	38.00 元	978-7-80165-958-3	2013 年 8 月第 1 版
3. 生产企业免抵退税实务——经验·技巧分享(第二版)	徐玉树	42.00 元	978-7-80165-936-1	2013 年 2 月第 2 版
4. 外贸企业出口退(免)税常见错误解析 100 例	周朝勇	49.80 元	978-7-80165-933-0	2013 年 2 月第 1 版
5. 生产企业出口退(免)税常见错误解析 115 例	周朝勇	49.80 元	978-7-80165-901-9	2013 年 1 月第 1 版
6. 外汇核销指南	陈文培等	22.00 元	978-7-80165-824-1	2011 年 8 月第 1 版
7. 外贸企业出口退税操作手册	中国出口退税咨询网	42.00 元	978-7-80165-818-0	2011 年 5 月第 1 版
8. 生产企业免抵退税从入门到精通	中国出口退税咨询网	98.00 元	978-7-80165-695-7	2010 年 1 月第 1 版
9. 出口涉税会计实务精要(《外贸会计实务精要》第 2 版)	龙博客工作室	32.00 元	978-7-80165-660-5	2009 年 9 月第 2 版
专业报告子系列				
1. 国际工程风险管理	张　燎	1980.00 元	978-7-80165-708-4	2010 年 1 月第 1 版
2. 涉外型企业海关事务风险管理报告	《涉外型企业海关事务风险管理报告》研究小组	1980.00 元	978-7-80165-666-7	2009 年 10 月第 1 版

书名	作者	定价	书号	出版时间

外贸企业管理子系列

1. 小企业做大外贸的制胜法则——职业外贸经理人带队伍手记	胡伟锋	35.00 元	978-7-5175-0071-1	2015 年 7 月第 1 版
2. 小企业做大外贸的四项修炼	胡伟锋	26.00 元	978-7-80165-673-5	2010 年 1 月第 1 版

国际贸易金融子系列

1. 信用证风险防范与纠纷处理技巧	李道金	45.00 元	978-7-5175-0079-7	2015 年 10 月第 1 版
2. 国际贸易金融服务全程通（第二版）	郭党怀 张丽君 张贝	43.00 元	978-7-80165-864-7	2012 年 1 月第 2 版
3. 国际结算与贸易融资实务	李华根	42.00 元	978-7-80165-847-0	2011 年 12 月第 1 版

毅冰谈外贸子系列

毅冰私房英语书——七天秀出外贸口语	毅　冰	35.00 元	978-7-80165-965-1	2013 年 9 月第 1 版

“实用型”报关与国际货运专业教材

1. e 时代报关实务	王　云	40.00 元	978-7-5175-0142-8	2016 年 6 月第 1 版
2. 供应链管理实务	张远昌	48.00 元	978-7-5175-0051-3	2015 年 4 月第 1 版
3. 电子口岸实务（第二版）	林青	35.00 元	978-7-5175-0027-8	2014 年 6 月第 2 版
4. 报检实务（第二版）	孔德民	38.00 元	978-7-80165-999-6	2014 年 3 月第 2 版
5. 进出口商品归类实务（第二版）	林　青	45.00 元	978-7-80165-902-6	2013 年 1 月第 2 版
6. 现代关税实务（第 2 版）	李　齐	35.00 元	978-7-80165-862-3	2012 年 1 月第 2 版
7. 国际贸易单证实务（第 2 版）	丁行政	45.00 元	978-7-80165-855-5	2012 年 1 月第 2 版
8. 报关实务（第 3 版）	杨鹏强	45.00 元	978-7-80165-825-8	2011 年 9 月第 3 版
9. 海关概论（第 2 版）	王意家	36.00 元	978-7-80165-805-0	2011 年 4 月第 2 版
10. 国际集装箱班轮运输实务	林益松 郑海棠	43.00 元	978-7-80165-770-1	2010 年 9 月第 1 版
11. 国际货运代理操作实务	杨鹏强	45.00 元	978-7-80165-709-1	2010 年 1 月第 1 版
12. 航空货运代理实务	杨鹏强	37.00 元	978-7-80165-707-7	2010 年 1 月第 1 版
13. 进出口商品归类实务——实训题参考答案	林　青	12.00 元	978-7-80165-692-6	2009 年 12 月第 1 版

“精讲型”国际贸易核心课程教材

1. 国际货运代理实务精讲（第二版）	杨占林 汤　兴 官敏发	48.00 元	978-7-5175-0147-3	2016 年 8 月第 2 版